Lars Baus
Nach dem Job

Zu diesem Buch

Der Beruf war Berufung, zentrales Element des Lebens. Und nun? So mancher fällt an der Schwelle zum Ruhestand in ein Loch. Lars Baus zeigt, wie diese Krise produktiv genutzt werden kann. Für die Zeit »nach dem Job« gilt es, neue Aufgaben und Werte zu finden, die von Selbstverantwortung getragen sind und weniger vom beruflichen Rollenbild. Als Führungskräfte-Trainer schöpft Baus aus einem reichhaltigen Erfahrungsschatz und informiert über die psychischen und sozialen Prozesse, die den Übergang vom Beruf in die dritte Lebensphase charakterisieren. Dabei zeigt er, wie man zu einer neuen, erfüllenden Lebens-Balance gelangt, die sich auf die eigenen Bedürfnisse gründet und die einzelnen Lebensbereiche nach den persönlichen Zielen gewichtet. Ein unerlässliches Buch für alle, deren Ich nach einem erfüllenden und verantwortungsvollen Berufsleben plötzlich wieder ins Zentrum ihrer Wahrnehmung rücken.

Lars Baus, geboren 1967, arbeitet neben seiner Autorentätigkeit als Führungskräfte-Trainer und Berater für namhafte Unternehmen aus Industrie und Dienstleistung. Lehraufträge für renommierte Universitäten gehören ebenso zu seinem Portfolio wie die interdisziplinäre Arbeit in zahlreichen Projekten. Er beschäftigt sich schwerpunktmäßig mit Fragen des demographischen Wandels sowie dem Konzept der ganzheitlichen Lebensführung und ist spezialisiert auf Themen wie Work-Life-Balance, Zeit- und Selbstmanagement und Stressbewältigung. Lars Baus lebt in Berlin. Weiteres zum Autor unter: www.larsbaus.de

Lars Baus

Nach dem Job

Ein Selbsthilfe-Buch für den Übergang
in die dritte Lebensphase

Piper München Zürich

Mehr über unsere Autoren und Bücher:
www.piper.de

Von Lars Baus liegen bei Piper vor:
Nach dem Job
Da hilft nur leben

Dieses Buch ist meinen Eltern gewidmet.

Ungekürzte Taschenbuchausgabe
Februar 2010
© 2007 Piper Verlag GmbH, München,
erschienen im Verlagsprogramm Pendo
Umschlaggestaltung: semper smile, München
Umschlagfoto: David P. Hall / Corbis
Satz: Fuldaer Verlagsanstalt, Fulda
Papier: Munken Print von Arctic Paper Munkedals AB, Schweden
Druck und Bindung: CPI – Clausen & Bosse, Leck
Printed in Germany   ISBN 978-3-492-25752-7

INHALT

Einführung 7

TEIL I: DER ÜBERGANG BERUF-ALTER:
SCHOCK ODER ERFÜLLUNG?
Kapitel 1: Unsere Gesellschaft wird älter 12
Kapitel 2: Folgen der Pensionierung 16
Kapitel 3: Strategien zur Vermeidung
des »Pensionierungsschocks« 21
Kapitel 4: Vorbereitung auf den Ruhestand 27
Kapitel 5: Freizeit im Ruhestand 37
Kapitel 6: Veränderungen in der Partnerschaft 41
Kapitel 7: Die verschiedenen Altersphasen –
Kapitel unseres Lebens 47
Kapitel 8: Der Prozess des Alterns
als positives Erlebnis 72

TEIL II: DIE DRITTE LEBENSPHASE AKTIV GESTALTEN

Kapitel 9: Akutprogramm nach der Pensionierung	80
Kapitel 10: Ganzheitliche Lebensgestaltung – Die Reise zu sich selbst	89
Kapitel 11: Die fünf Lebensbereiche – Kontinente unseres Lebens	95
Kapitel 12: Der Lebenskompass – Orientierung durch Bewusstsein	98
Kapitel 13: Die Lebenskarte – Landkarte meiner Geschichte	102
Kapitel 14: Die Energiebalance – Mit den eigenen Vorräten haushalten	106
Kapitel 15: Die Lebensbalance – Routenplanung und Reisestationen	113
Kapitel 16: Die Lebensbereiche gezielt gestalten	155
Kapitel 17: Das Reduktionsmodell – Die neue Askese	214
Kapitel 18: Zeitplanung – Ein Thema für den Ruhestand?	217
Kapitel 19: Kreativer leben – Abwechslung für den Alltag	236
Kapitel 20: Das Prinzip Anpassung – Lebensmanager oder Blatt im Wind?	241
Danksagung	246
Anmerkungen	247
Literaturhinweise	251

> Geboren werden heißt zu sterben anfangen.
> *Lao-tse, chinesischer Philosoph*
> *und Begründer des Taoismus*

EINFÜHRUNG

Gerade Manager und Führungskräfte erleben den Übergang vom Beruf zur dritten Lebensphase oft als problematisch. Das liegt zum einen daran, dass sie sich in aller Regel sehr stark mit ihrem Beruf identifiziert haben. Die Erkenntnis, dass ein ganz wesentlicher Teil ihres bisherigen Lebens nun ohne sie stattfindet, löst bei vielen Betroffenen Ernüchterung und Frustration aus. Noch mehr kommt allerdings zum Tragen, dass diese Männer und Frauen durch ihr berufliches Engagement so intensiv gefordert wurden, dass sie sich zu wenig um andere wichtige Lebensbereiche gekümmert haben. Nicht wenige leitende Angestellte, erfolgreiche Freiberufler oder Topmanager sehen sich daher nach einer glanzvollen Karriere privat mit einem großen Fragezeichen konfrontiert: Wie soll die von einigen Betroffenen beschriebene »große Leere« nun gefüllt werden?

An der Schwelle zum Lebensherbst verliert die Position, die viele Jahre für Anforderung, Bestätigung, Anerkennung und Erfolg gesorgt hat, fast gänzlich an Bedeutung. Der Mensch selbst tritt wieder ins Zentrum der Wahrnehmung. Darin liegt zugleich eine Herausforderung und eine Chance. Einigen Führungskräften macht dieser Umstand Angst, müssen sie doch mühsam wieder die Spielregeln des »zivilen« Lebens lernen. Andere freuen sich darauf, mit ihrer Rüstung, dem Anzug oder Kostüm, auch gleich ein ganzes Set von beruflichen Konventionen und Verhaltensmustern abzulegen. Es gibt genügend Beispiele – herrlich parodiert in dem Film »Pappa ante Portas« mit Loriot –, wie Manager in Unternehmen souverän mit Budgets von enormen Größenordnungen jongliert haben und am Ende nicht einmal selbständig einkaufen gehen oder kochen können. Andere kennen ihre eigene Familie nicht mehr – auf bewegende Weise thematisiert in dem Film »About Schmidt« mit Jack Nicholson. Aber nicht jeder Manager erlebt das Ausscheiden aus dem Beruf als Krise, im Gegenteil: Viele freuen sich darauf, sich selbst und das eigene Leben wieder neu zu entdecken.

Wir alle werden, direkt oder indirekt, als Betroffene, Angehörige oder Freunde, immer wieder mit den Veränderungen konfrontiert, die der Übergang vom Erwerbsleben in den Ruhestand mit sich bringt. Dieser Schritt in den nächsten Lebensabschnitt verlangt von den zukünftigen Rentnern oder Ruheständlern ebenso wie von ihrem direkten Umfeld vielfältige Anpassungen an die neue Situation. Dies trifft auch dann zu, wenn in der dritten Lebensphase wieder eine (Teilzeit-)Beschäftigung aufgenommen wird. Die finanziellen Rahmenbedingungen verändern sich, der Alltag bekommt eine andere Struktur, und man verfügt über erheblich mehr Freizeit, bei gleichzeitigem Wegfall der bisherigen beruflichen Umgebung. Das Thema Gesundheit wird jetzt noch wichtiger als zuvor. Auch steht die Partnerschaft vor neuen Herausforderungen, und es müssen ungewohnte Rollen in Familie und Gesellschaft eingeübt werden. Nicht selten schlägt der persönliche Weg eines Menschen in diesem Lebensabschnitt noch einmal eine ganz neue Richtung ein.

Die wenigsten Führungskräfte bereiten sich während der letzten Zeit ihrer Berufsausübung genügend auf diese weitreichenden Veränderungen in ihrem Leben vor. Dies ist vor allem auch ein gesellschaftliches Problem: Während unser Leben in der Kindheit und über weite Strecken unseres Erwachsenendaseins – je nach individuellen Rahmenbedingungen – klar strukturiert ist, gibt es kaum Orientierungsmöglichkeiten für die Zeit nach der Pensionierung. Wir werden zwar versorgt mit Informationen und Beratungsangeboten zu Altersvorsorge, gesundheitlichen Fragen und speziellen Produkten für ältere Menschen. Das gesellschaftliche Engagement setzt verstärkt aber erst wieder bei den hochbetagten Menschen ein, wenn es um Aspekte der Pflege und Betreuung geht.

Notwendig ist eine differenzierte Betrachtung der Ereignisse im Übergang zur dritten Lebensphase und ein Angebot, das den Menschen eine ganzheitliche Vorbereitung auf diese Zeit ermöglicht. Diese Lebensphase – wir reden hier von rund zwanzig Jahren – stellt gewissermaßen ein Vakuum im politischen, sozialen und wirtschaftlichen Bewusstsein dar. Aus diesem Grund sind die Betroffenen von der komplexen neuen Situation oft überfordert und frustriert. Probleme in der Partnerschaft gehen einher mit finanziellen Engpässen und mangelndem Selbstwertgefühl. Vor allem für Menschen, die sich stark über den Beruf definiert haben, stellt sich die schwierige Frage, was zukünftig an diese Stelle treten kann. Oft tauchen dann als Folge der Krise gesundheitliche Probleme auf.

Dass das nicht so sein muss, zeigt dieses Buch. Es bietet Betroffenen und Interessierten die Möglichkeit, sich über die Prozesse, die Hintergründe und Folgen der durch den Übergang in die dritte Lebensphase bedingten Veränderungen zu informieren, zeigt die Optionen und Besonderheiten des nachberuflichen Lebens auf und macht mit der Lebensbalance-Methode ein Angebot, die kommende Lebensphase bewusst und ganzheitlich zu gestalten, damit es wirklich – wie der Soziologe Peter Laslett sagt[1] – eine »Zeit der Erfüllung« wird.

TEIL I

DER ÜBERGANG BERUF-ALTER: SCHOCK ODER ERFÜLLUNG?

> Warum beträgt das durchschnittliche
> Lebensalter des Menschen nicht 200 Jahre?
> Es gibt so unendlich viel zu sehen
> in der Welt!
> *Heinz Helfgen, Journalist und Weltumradler*

KAPITEL 1

UNSERE GESELLSCHAFT WIRD ÄLTER

Die demografischen Veränderungen unserer Gesellschaft haben zur Folge, dass der Altersschwerpunkt sich mit dem Älterwerden der geburtenstarken Jahrgänge kontinuierlich nach hinten verschiebt. Die Menschen werden immer älter, und die Älteren werden immer zahlreicher. Nach Prognosen des Statistischen Bundesamtes sollen bereits im Jahr 2050 allein in Deutschland mehr als die Hälfte der Bürger älter als 48 Jahre sein.[2] Dies wird auch in den Unternehmen spürbar: In fünf bis zehn Jahren werden die 45- 59-jährigen Beschäftigten den größten Anteil der Mitarbeiterschaft darstellen.

Das war nicht immer so: Noch gegen Ende des 19. Jahrhunderts wurden die Menschen im Durchschnitt nur rund 37 Jahre alt.[3] Bis heute hat sich die Lebenserwartung in den westlichen Industrienationen verdoppelt. In der Bundesrepublik Deutschland werden gegenwärtig Frauen im Durchschnitt rund 81, Männer immerhin knapp 75 Jahre alt.[4] Hatte Mitte des 19. Jahrhunderts eine 60-jährige Frau noch durchschnittlich 13 Jahre zu leben (Männer: 12,5 Jahre), so erwarten sie heute statistisch gesehen 23 Jahre weitere Lebenszeit (bei Männern sind es durchschnittlich

18,5 Jahre).[5] Interessant ist auch, dass die Gruppe der hochaltrigen Menschen ebenfalls deutlich zunimmt: In der Bundesrepublik gab es 1950 rund 19000 Einwohner im Alter von über 90 Jahren, im Jahr 2000 waren es allein in den alten Bundesländern bereits 342000.[6]

Das Älterwerden ist für viele Menschen mit Ängsten verbunden, denn Alter wird in unserer jugend- und leistungsorientierten Gesellschaft mit geistigem und körperlichem Verfall, mit Isolation und Verarmung assoziiert. Auch in der Wirtschaft herrscht noch ein Vitalitätsverständnis vor, das Managern über 45 kaum befriedigende Perspektiven lässt. Diese Vorstellungen werden sich ändern müssen, denn die vielen »jungen Alten« sind keineswegs bereit, ein trostloses Dasein auf dem Abstellgleis zu fristen oder als Notreserve für Beschäftigungslücken zu dienen.

Schon jetzt müssen immer weniger immer älter werdende Beschäftigte immer mehr Arbeit leisten. Die Last der Versorgung der stetig wachsenden Zahl von Renten- und Pensionsberechtigten lastet auf den Schultern einer kontinuierlich abnehmenden Zahl Erwerbstätiger. Gleichzeitig haben Menschen, die älter als 50 Jahre sind, gegenwärtig kaum eine Chance, Arbeit zu finden. Von den 55- bis 64-Jährigen ist in Deutschland zurzeit nur ein gutes Drittel (39 Prozent) noch im Beruf. Zum Vergleich: In Großbritannien macht diese Gruppe 55 Prozent, in Schweden sogar 69 Prozent aus.[7] Einer der Gründe für diesen Zustand ist die vorzeitige Verrentung der Arbeitnehmer: Viele Betriebe haben ihren Personalabbau unter anderem mit Hilfe von Altersteilzeit- oder Vorruhestandsregelung realisiert.[8]

In der Bundesrepublik Deutschland bieten die Regelungen des Altersteilzeitgesetzes seit 1996 die Möglichkeit, den Übergang vom Erwerbsleben in die Altersrente gleitend zu gestalten. Den positiven Aspekten dieses Modells (halbe Arbeitszeit, mehr Beschäftigungsmöglichkeiten für jüngere Mitarbeiter, generationenübergreifende Zusammenarbeit und Erfahrungstransfer zwischen den Generationen) steht der begründete Verdacht gegenüber, dass die Altersteilzeitregelung als Instrument zur vorzeitigen Ausgliederung älterer Mitarbeiter missbraucht wird.[9]

Eine weitere gesellschaftliche Veränderung beeinflusst den Arbeitsmarkt auf ganz andere Weise. In der Vergangenheit waren die Geschlechterrollen geprägt von der Diskriminierung der Frauen im Berufsleben. So lag 1950 in der Bundesrepublik die Erwerbsquote der Männer bei 92,1% und die der Frauen bei lediglich 43,7 %.[10] Die Rollenverteilung war dadurch klar beschrieben: Aufgabe der Frau war es, Familie und Haushalt zu betreuen, während dem Mann die Rolle des Versorgers zukam. Die Frau vollzog ihre Identitätsfindung und Sozialisierung innerhalb des familiären Umfeldes, und der Mann definierte sich in erster Linie über den Beruf. Seit dem Aufkommen der Frauenbewegung in den 70er Jahren hat sich dieses Bild langsam verändert, aber keinesfalls umgekehrt. Im Ergebnis stieg die Erwerbsquote der Frauen auf 64,9 % im Jahr 2001 und die der Männer sank auf 80,1 %.[11] Gleichwohl entscheiden sich heute viele Frauen für eine berufliche Karriere mit oder ohne Mutterrolle, und Männer probieren zunehmend die Rolle des Hausmannes, auch dieses teils verbunden mit beruflicher Tätigkeit. Für die Betriebe bedeutet das, familienfreundliche Arbeitsmodelle entwickeln zu müssen (Teilzeitarbeit, Jobsharing, Home-Offices u. a.). Bisher gibt es allerdings nur wenige Teilzeitstellen für Führungskräfte. Man erwartet vom modernen Manager und von der modernen Managerin nach wie vor einen Einsatz nach dem 24/7-Modell. Alternative Strategien wären jedoch denkbar: Zum Beispiel könnten erfahrene und flexible ältere Führungskräfte die durch die familiär bedingte zeitweilige Abwesenheit der Jüngeren entstehenden Lücken kompetent ausfüllen.

KAPITEL 2

FOLGEN DER PENSIONIERUNG

> Die Arbeit hält drei große Übel fern: die Langeweile, das Laster und die Not.
> *Voltaire, französischer Philosoph und Schriftsteller*

Die Auseinandersetzung mit dem Älterwerden gestaltet sich für die meisten Menschen schwierig. Durch die (Früh-)Pensionierung sind sie – mehr oder weniger plötzlich – mit dem Bevorstehen der dritten Altersphase konfrontiert. Nun heißt es Abschied nehmen von Karriere und Beruf. Dies fällt umso schwerer, je stärker die Identifikation mit der Berufsrolle ist.

Innerhalb der letzten zehn Jahre ist fast ein Drittel der Arbeitnehmer frühzeitig in den Ruhestand getreten.[12] Was den Beschäftigten in den 80er und 90er Jahren als paradiesischer Zustand beschrieben, bei Hunderttausenden großzügig gefördert und nicht ohne psychologischen Druck umgesetzt wurde (einem Jungen nicht den Arbeitsplatz wegnehmen!), stellte sich für manchen Rentner als Enttäuschung heraus.

So wurde die Freude über den lang ersehnten Ruhestand häufig nicht nur durch die Erfahrung getrübt, dass die finanzielle Versorgung der Familie unzureichend war, sondern es gab auch Probleme in der Partnerschaft, weil der Mann jetzt in das traditionelle Revier der Frau eindrang. Zudem lagen Fähigkeiten und Qualifikationen brach, ein zentrales Element des bisherigen Lebens war auf einmal verschwunden. Die für das Altsein noch zu jungen Menschen fanden sich in einem gesellschaftlichen Vakuum wieder, in dem zwar kaum Erwartungen an sie gestellt wurden, sie gleichzeitig aber auch keine Wertschätzung erlebten.

Der Übergang in die Rente ist in der Regel mit tiefen Einschnitten verbunden. Sowohl Lebensverhältnisse als auch Lebensumstände verändern sich:[13]

- Im sozialen Umfeld: Der Auflösung gewachsener Beziehungen aus dem beruflichen Kontext steht ein gleichzeitiger Aufbau neuer Beziehungen in alternativen Bereichen gegenüber.
- In der Familie: Die Kinder haben das Haus verlassen, der Rentner oder die Rentnerin ist jetzt auf einmal ständig zu Hause.
- In Bezug auf den Umgang mit Zeit: Jetzt steht wieder mehr private Zeit zur Verfügung, die ausgefüllt werden will.

In höherem Alter kommt die Gefahr der Vereinzelung und Vereinsamung hinzu, da immer mehr Freunde, Verwandte und Lebenspartner sterben.

Diese Zeit der Veränderungen und Verwirrungen erfordert vom Einzelnen ein hohes Maß an Anpassung und Bewältigung.

In der Vergangenheit besaß die Pensionierung ein eher negatives Image (Stichwort »Pensionierungsschock«). Studien aus den 50er und 60er Jahren[14] stellten etwa einen psychischen Verfall (»Pensionierungsbankrott«) oder eine signifikant höhere Sterberate bei Frühpensionierten in den ersten Jahren des Ruhestands (»Pensionierungstod«) fest. Groß angelegte Studien in den USA der 70er und 80er Jahre setzten dem ein überwiegend positives Bild entgegen: Die Mehrheit der Befragten war mit dem Leben seit der Pensionierung glücklich, und es wurden weder ein signifikanter sozialer Rückzug noch bedeutende gesundheitliche Beeinträchtigungen verzeichnet.[15]

Auch neuere Untersuchungen aus der Schweiz kommen zu dem Ergebnis, dass die Pensionierung keine allgemeine Befindensverschlechterung auslöst: Lebenszufriedenheit, Glück und Freude sind vor bzw. nach der Pensionierung in etwa gleich hoch, die Freiheit von Belastungen wird als überwiegend positiv empfunden, und die Befragten berichten über weniger alltägliche Sorgen und Kümmernisse nach dem Ausscheiden aus dem Berufsleben.[16]

Hier wird deutlich, dass die Folgen der Pensionierung differenziert betrachtet werden müssen. Dabei spielen sowohl historische als auch gesellschaftliche Einflussfaktoren eine Rolle. Die negativen Ergebnisse der bundesrepublikanischen Studien aus den 50er und 60er Jahren lassen sich aus historischer Sicht dadurch erklären, dass vor allem die gegen Ende des 19. Jahrhunderts geborene Generation betroffen war, welche die Hauptphase ihrer beruflichen Entwicklung nach dem Ersten Weltkrieg in der Weimarer Republik und im Dritten Reich erlebte. Sie vollzog während der Nachkriegszeit erneut einen beruflichen Aufstieg und nahm teil am Wiederaufbau des zerstörten Deutschlands. Für die Menschen dieser Generation spielten Beruf und Arbeit eine zentrale Rolle, und die Pensionierung bedeutete daher einen Verlust entscheidender Lebensinhalte, der als Krise erlebt wurde.[17]

Vor diesem Hintergrund verwundert es nicht, dass die Schweizer Studie aus den 90er Jahren zu ganz anderen Ergebnissen kommt: Die Biografie der dort Befragten war durch stetigen beruflichen Aufstieg und zunehmenden materiellen Wohlstand geprägt. Gleichzeitig hat seit den 60er Jahren ein gesellschaftlicher Wertewandel von der primär auf die Arbeit ausgerichteten zu einer vermehrt freizeitbezogenen Orientierung stattgefunden. Ist die finanzielle Situation im Ruhestand günstig, wird diese Zeit als wohlverdientes Ausruhen nach einem langen Arbeitsleben genossen und mit Reisen und Hobbys ausgefüllt.

Allerdings ist der Wohlstandstrend heute nicht mehr ungebrochen – im Gegenteil. Die steigenden Arbeitslosenzahlen und die gesamtwirtschaftliche Entwicklung der Bundesrepublik Deutschland am Beginn des 21. Jahrhunderts lassen angesichts der demografischen Veränderungen für zukünftige Rentnergenerationen eher bescheidene materielle Umstände erwarten. So beziffert der *Spiegel*[18] die Durchschnittsrente nach 45 Versicherungsjahren für Westdeutschland auf 1164 Euro und für Ostdeutschland auf 1022 Euro monatlich.

Während die finanzielle und gesundheitliche Zufriedenheit der Rentner stetig leicht abfällt, äußern die Befragten der Schweizer Studie eine langfristig zunehmende Zufriedenheit im Freizeitbereich, wohingegen der gesellschaftliche Status als deutlich gesunken wahrgenommen wird.[19] Obwohl der überwiegende Teil der befragten Rentner sich wohl zu fühlen scheint, gibt es auch Ausnahmen. Geht mit der Verrentung ein geringer sozioökonomischer Status einher und verfügten die Personen bereits vor dem Ausscheiden aus dem Erwerbsleben über ein kleineres soziales Netz, sinkt das subjektive Wohlbefinden in der neuen Situation. Auch berichten Frauen häufiger als Männer über drastische finanzielle Einbußen im Ruhestand.[20]

Insgesamt lässt sich die Pensionierung aber heute nicht mehr per se als krisenhaftes Lebensereignis beschreiben. Manches verbessert sich sogar im Verlauf des Ruhestandes. Eines zeigt sich jedoch immer wieder: Wer sich nicht rechtzeitig um ein intaktes soziales Umfeld bemüht und andere Beschäftigungsfelder für sich entdeckt hat, fällt in ein tiefes Loch. Irgendwann ist der Garten neu gestaltet, Keller und Garage wurden perfekt aufgeräumt und die wichtigsten Reisen gemacht. Spätestens dann stellt sich die Frage: Was nun?

KAPITEL 3

STRATEGIEN ZUR VERMEIDUNG DES »PENSIONIERUNGSSCHOCKS«

> Jede Lebensphase bietet die Möglichkeit, neu anzufangen.
>
> *Rita Süssmuth, Politikerin*

Der Beginn dieser neuen Lebensphase stellt ohne Zweifel eine große Herausforderung für die Betroffenen dar. In der Veränderung liegt jedoch auch eine Chance. Die nachberufliche Zeit muss keineswegs als Katastrophe erlebt werden, sondern kann durchaus eine Zeit der Selbstverwirklichung bedeuten. Ob dies gelingt, hängt auch davon ab, ob die Lebensgestaltung im Ruhestand eine persönliche Weiterentwicklung zulässt und die gewonnene Zeit durch selbst gewählte, sinnvolle Aufgaben ausgefüllt werden kann. Das ist gerade für ehemalige Führungskräfte wichtig, die es gewohnt waren, Verantwortung zu tragen und anspruchsvolle Aufgaben zu bewältigen.

Der durch den Verlust der Arbeitswelt entstandene Leerraum muss nun selbst gefüllt werden: Der Alltag braucht neue Strukturen und der Mensch eine neue Aufgabe. Dabei werden die Ruheständler zum Handwerker ihres eigenen Wohlbefindens[21]. Sie basteln aktiv an der Struktur und Sinngebung ihrer neuen Lebensphase, um ihr persönliches und familiäres Gleichgewicht wiederherzustellen oder zu erhalten.[22] Immer mehr entsteht das Bild des »Lebensunternehmers«, das auch für vorangehende Lebensphasen zunehmend an Relevanz gewinnt, da diese ebenfalls durch berufliche Diskontinuitäten und permanente Anpassungsleistungen geprägt sind.

Welche Strategien gibt es nun konkret, um auf die Pensionierung zu reagieren? Die Möglichkeiten sind vielfältig: Neben der klassischen Lösung – dem abrupten Rückzug ins Private mit anschließender Übernahme freiwilliger Aufgaben im persönlichen wie gesellschaftlichen Umfeld – existieren verschiedene Modelle für den schrittweisen Übergang in die neue Lebensphase. Dies kann heißen, erst einmal weiterzuarbeiten, allerdings in geringerem Umfang und möglicherweise auf selbständiger Basis. Es kann aber auch bedeuten, den biografischen Wandel bewusst als Chance für eine Verlagerung des eigenen Engagements auf andere biografische Bereiche (z. B. bisherige Hobbys oder Interessen) zu sehen und diese einer (Semi-)Professionalisierung zuzuführen. Um dies zu ermöglichen, sollten am besten bereits während des Erwerbslebens alternative Sinnhorizonte geschaffen werden. Ist dies geschehen, kann die Veränderung als durchaus bereichernd und befriedigend erlebt werden.

Insbesondere Frührentner befinden sich in einer gesellschaftlich kaum definierten Zone, denn der vorzeitige Ausstieg aus dem Berufsleben stellt einen Bruch mit den gängigen Lebenslaufkonventionen dar.

Von zentraler Bedeutung für den Umgang mit der dritten Lebensphase (eigentlich die Zeit ab ca. 60 Jahre) ist die bereits im Vorfeld erlebte subjektive Wahrnehmung der Berufstätigkeit: bloßer Broterwerb oder Sinnstifter und strukturgebendes Element? Dementsprechend wird die vorzeitige Pensionierung entweder als Chance für mehr Erfüllung und Selbständigkeit ohne äußere Zwänge oder aber als »Rauswurf« aus der Normalbiografie mit geregeltem Erwerbsleben verstanden.

Gerade Menschen, die sich in erster Linie über ihre berufliche Funktion definiert haben, müssen jetzt neue Wege suchen, um am gesellschaftlichen Leben teilzunehmen, Kontakte zu pflegen und ein Gefühl der Zugehörigkeit zu erleben. Der Abschied von betrieblichen Belohnungsritualen und beruflicher Anerkennung geht oft einher mit einem (vorübergehenden) Gefühl der Nutzlosigkeit. Nicht selten sehen sich frischgebackene Vorruheständler schon nach wenigen Monaten wieder nach (Teilzeit-)Arbeit um. Man ist bemüht, möglichst schnell wieder einen Zustand der »Normalität« herzustellen und so zu tun, als wäre das Thema erst einmal in weite Ferne gerückt. Gelingt die Stellensuche, kann die teils trügerische Funktion der Erwerbstätigkeit als Sinnstifter weiter aufrechterhalten werden. So wird der Pensionierungsschock vorübergehend kompensiert, eigentlich aber nur aufgeschoben. Das Problem wird verdrängt statt gelöst. Vor allem wenn sich die Arbeitssuche als schwierig herausstellt (was heute überwiegend der Fall ist), gerät der »Pensionsflüchtige« zusehends unter Druck. Das vermeintliche Mittel zur Lösung seiner Probleme wird ihm vorenthalten. Wie soll er so je aus der Misere herausfinden? Früher oder später muss also für die wegfallende Erwerbstätigkeit ein echter Ersatz geschaffen werden.

Hierzu bieten die anderen Lebensbereiche vielfältige Möglichkeiten: soziales Engagement, ehrenamtliche Tätigkeiten, Weiterbildung und Entwicklung neuer Kompetenzen, Engagement in Familie und Freundeskreis, Sport etc.

Vielfach wird das Berufsleben im Nachhinein idealisiert. Steigert der Betroffene sich zu sehr in die Erinnerung an die »goldenen Zeiten« der Erwerbstätigkeit hinein, wird die Bewältigung der aktuellen Lebenssituation nicht eben leichter. Auch ein Verdammen der Vergangenheit hilft nicht: Wer gesteht sich schon gern ein, über weite Strecken zu eingleisig gelebt zu haben? Es geht vielmehr darum, anzunehmen, was gewesen ist (dies kann eine konstruktive Aufarbeitung der Vergangenheit durchaus einschließen), und sich bewusst auf die Gegenwart einzustellen. Die neue Freiheit zu leben, ist möglicherweise anfangs nicht ganz einfach, aber es ist nun mal das einzige Leben, was wir haben – unser Leben. Umso mehr lohnt es sich, die Möglichkeit für einen Neubeginn zu nutzen.

Die Betroffenen können nach dem Verlust der beruflich bedingten Wertschätzung wieder lernen, das Leben als »Gesamtkunstwerk« zu betrachten. Dazu gibt es eine schöne Geschichte von Richard McLean:[23]

»Im Pflegeheim steckte die Verwaltung zwei Künstler in dasselbe Zimmer, weil man annahm, die beiden würden viele Gemeinsamkeiten entdecken. Das traf auch zu, doch hatte der eine Künstler, der schließlich Lehrer am Gymnasium geworden war, Probleme, eine Beziehung zu seinem Zimmergenossen aufzubauen, der landesweit bekannt war und zahlreiche Werke in Museen hängen hatte.

Mit der Zeit wurden sie jedoch gute Freunde. Sie waren wie zwei Überlebende auf einer gemeinsamen Insel, die denselben Feind haben (Krankheit) und voneinander abhängig sind, indem sie sich helfen. Die Familie des Gymnasiallehrers rief oft an und kam auch oft zu Besuch. Seine Wand war bedeckt mit Fotos, Postkarten und Bildern seiner Enkel. Der berühmte Maler hingegen bekam nur wenig Besuch und auch kaum Briefe, die nicht geschäftlicher Natur waren. Insgeheim nannten die Schwestern den Lehrer ›Herrn Sonnenschein‹ und seinen Freund ›Herrn Trübsinn‹.

Eines Nachts lagen die beiden im Dunkeln, rauchten heimlich eine Zigarette und sprachen über ihr Leben. ›Ich habe immer davon geträumt, ein Meisterwerk zu malen‹, sagte der Lehrer. ›In meiner Vorstellung konnte ich es sehen und fühlen. Aber ich habe es nie geschafft, es mit meinen Händen und Farben in die Tat umzusetzen. Mein ganzes Leben bin ich diesem Meisterwerk vergeblich hinterhergelaufen. Ich bin gescheitert.‹

›Du verdammter Narr‹, sagte sein Freund. ›Erkennst du denn nicht, dass jeder Mensch nur ein einziges Meisterwerk schafft, und das ist sein Leben, was er damit anfängt und was er mit sich selbst geschehen lässt? Kommen meine Bilder jetzt hier zu Besuch? Bringen sie mir Kekse? In diesem Augenblick sind diese Bilder allein in dunklen Museen – genau wie ich.‹«

Von einigen Managern wird der Ausstieg aus dem Berufsleben aber auch als echte Erleichterung empfunden. Vor allem der Wegfall des täglichen Drucks, der permanenten Erwartungen, der Leistungsorientierung und Verantwortung schafft neue energetische Freiräume für lang gehegte Pläne. Gleichzeitig schafft die Befreiung vom Druck der Führungsposition auch wieder eine neue Lust an der Arbeit, z. B. als Selbständiger. So ist es möglich, die im Beruf erworbene Expertise nun etwa auf Mandatsbasis einzubringen. Plattformen dafür bieten Mitgliedschaften in Ausschüssen, Netzwerken, Gremien und Kommissionen, freie Projektarbeit oder Beratungstätigkeit. Beispielsweise ist ein Management-Support aus dem Hintergrund in Form eines Senior-Councelling denkbar. Auf diesen Wegen ist es für die Business-Seniors durchaus möglich, sich weiter mit der beruflichen Thematik zu beschäftigen und ganz nebenbei in das durch wesentlich mehr Freizeit geprägte nachberufliche Leben hineinzufinden. Dies führt zum Erleben von Stärke und Identifikation, ohne die Notwendigkeit des Wandels zu ignorieren.

Welcher Weg auch eingeschlagen wird – ob inhaltlich eng an den ehemaligen Beruf angelehnt oder aber im privaten Bereich (etwa künstlerische Arbeit) –, sinngebend wirkt jede Tätigkeit, die es einem ermöglicht, sich beim Erreichen der selbst gesteckten Ziele weiterzuentwickeln und zu entfalten. Dabei spielt die Selbstverwirklichung eine nicht geringe Rolle, weswegen die dritte Lebensphase auch Zeit der Erfüllung genannt wird.

KAPITEL 4

VORBEREITUNG AUF DEN RUHESTAND

> Das Alter ist etwas Herrliches. Ich bin
> neugierig auf jedes kommende Jahr.
> *Alfred Döblin, Schriftsteller*

Gedankliche Einstimmung

Für ältere Führungskräfte, Freiberufler oder leitende Angestellte ist es angesichts der bevorstehenden Veränderungen sinnvoll, frühzeitig darüber nachzudenken, wie sie sich den Übergang vorstellen. Verschiedene Aspekte sind dabei zu berücksichtigen:

- das Älterwerden im aktuellen Beruf
- die kommende Pensionierung
- mögliche berufliche Neuorientierungen (Teilzeit, Ehrenamt, Selbständigkeit, Mandat, Projektarbeit, Beratung, neuer Beruf usw.)
- die Lebensgestaltung im nachberuflichen Ruhestand

Die folgenden Schritte können bei der gedanklichen Auseinandersetzung und Bewältigung der sich stellenden Aufgaben helfen.

Bewusst und strukturiert über die aktuelle Situation und die zukünftige persönliche Entwicklung nachdenken:

Es ist wichtig, sich deutlich zu machen, wie das persönliche Kompetenzprofil in Zukunft aussehen soll. Dies gilt insbesondere für die heute im Gegensatz zu früheren Biografien – auch im fortgeschrittenen Alter – häufiger stattfindenden beruflichen Übergänge (»Transitionen«). Diese unregelmäßigen und zum Teil späten Wendepunkte verlangen gerade von den Älteren viel Flexibilität und eine neue Herangehensweise, denn einen geradlinigen Verlauf der beruflichen Entwicklung, wie er früher üblich war, gibt es heute nicht mehr. Es erscheint sinnvoll, diese Veränderung nicht als Bedrohung, sondern vielmehr als Chance wahrzunehmen und die Freude am lebenslangen Lernen zu entdecken. Nur so kann im Zeichen des rapiden Wandels ein Arbeitsplatz in höherem Alter erhalten und sinnvoll ausgefüllt werden. Das lebenslange Lernen erfordert immer wieder neue Investitionen in den Beruf und die eigene Qualifikation.

Die sich daraus ergebenden Veränderungen verstehen und individuelle Strategien zur Bewältigung entwickeln:

Hierzu gehören die Bereitschaft, über die eigenen Stärken und Schwächen nachzudenken, sowie eine grundsätzliche Offenheit gegenüber Veränderungen. Der Erwerb neuer Kompetenzen sowie der Ausbau bestehender Fähigkeiten helfen bei der Bewältigung des Veränderungsprozesses. Diese neuen Lebensinhalte brauchen Zeit, die erst einmal geschaffen werden muss. Darüber hinaus muss ein grundsätzliches Umdenken stattfinden: Die eigene Rolle und Wertigkeit sollte in Zukunft auch ohne Arbeitserfolge und Leistung im Beruf definierbar sein.

Den Übergang in die nachberufliche Zeit aktiv und konstruktiv gestalten:

Dies ist vor allem mit einer rechtzeitigen (deutlich vor der Pensionierung), strukturierten (also methodischen) und ganzheitlichen (nach Lebensbereichen abgestimmten) Vorbereitung möglich. Sie sollte realistisch sein und auf der Grundlage fundierter Informationen geplant und durchgeführt werden.

Eine realistische und erfüllende Vision für die dritte Lebensphase finden:

Hier spielen neben materiellen und gesundheitlichen Rahmenbedingungen in erster Linie persönliche Werte, Ziele und Überzeugungen eine Rolle. Geprägt durch die eigenen Lebenserfahrungen und in Abstimmung mit der Umwelt lassen sich Visionen am besten in Ruhe und mit etwas Abstand entwickeln. Dafür ist am besten eine kleine Auszeit geeignet. Aber auch Gespräche mit anderen oder der innere Dialog mit einem Buch, die Beschäftigung mit Sinn- und Glaubensfragen helfen, zukunftsfähige Vorstellungen für das Leben zu finden.

Altersteilzeit

Wer seinen Beruf nicht von heute auf morgen aufgeben möchte, kann über eine Teilzeitbeschäftigung gemäß der Altersteilzeitregelung nachdenken. Dadurch ist es möglich, die Arbeitszeit bei gleichzeitigem Verzicht auf einen bestimmten Prozentsatz des bisherigen Gehalts zu reduzieren. Die meisten Beschäftigten, die diese Möglichkeit nutzen, tun dies mit ca. 55 Jahren. Dabei ist zu beachten, dass sich im Rahmen der Altersteilzeit die Beiträge für die Rentenkasse reduzieren.[24]

Interessant ist unter Umständen auch eine spezielle Form der Selbständigkeit, z. B. als Berater oder Dienstleister im bisherigen oder einem neu erworbenen Kompetenzbereich. So lässt sich ein Angestellten-Arbeitsverhältnis im gegenseitigen Einvernehmen möglicherweise in eine Rahmenvereinbarung umwandeln, die dem Selbständigen auch die Tätigkeit für andere Auftraggeber erlaubt. Der Vorteil einer solchen Regelung besteht darin, dass sie einen »weichen« Übergang in den Ruhestand schafft. Der Erwerbstätige erlebt eine berufliche Kontinuität und kann zusätzlich neue Impulse setzen, die den Wegfall des Lebensbereichs Beruf nach der Pensionierung sinngebend kompensieren. Im Vorfeld einer solchen Entscheidung sollte allerdings geprüft werden, welche Auswirkungen diese Umwandlung auf die Rentenansprüche hat und wie die entstehenden finanziellen Defizite aufgefangen werden können. Auch sollte im Falle der Aufnahme einer selbständigen Tätigkeit ein realistischer Geschäftsplan aufgestellt werden.

Sanfter Übergang

Das Ausscheiden aus dem Erwerbsleben muss heute nicht mehr so abrupt vonstattengehen wie in früheren Zeiten; der Übergang ist insgesamt fließender geworden. Gleichwohl müssen wir uns alle darauf einstellen, eines Tages weniger zu arbeiten und mehr freie Zeit zu haben. Da wir im Durchschnitt immer älter werden, erleben wir auch die nachberufliche Zeit länger. Umso wichtiger ist eine gute Vorbereitung auf das neue Leben, denn die »Pensionierungsphase« beginnt eigentlich schon im Alter von etwa fünfzig Jahren. Eine wirklich gute Vorbereitung auf die Zeit nach dem Beruf erkennen wir daran, dass sie ganzheitlich, strukturiert und offen für Veränderungen ist.

Die erste und für viele Betroffene wichtigste Frage bei der Planung des Ruhestands betrifft die finanzielle Versorgung. Dazu gehört neben verschiedenen Möglichkeiten der privaten Absicherung natürlich vor allem die Rente. Ein ausführliches Eingehen auf dieses Thema, das bereits andernorts ausreichend dokumentiert und aufbereitet ist, würde den Rahmen dieser Ausführungen sprengen. Hierzu kann sich jeder bei den bekannten Beratungsstellen, Versicherungen und Banken informieren. Das Bundesministerium für Gesundheit und Soziale Sicherung hält ebenfalls ausführliche Informationen bereit.[25] Berücksichtigt werden u. a. folgende Aspekte:

- das Rentenversicherungskonto
- die Voraussetzungen für die Regelaltersrente
- die Rentenversicherungsträger
- der Antrag auf Regelaltersrente

- der Rentenbescheid
- die Rentenzahlung

Neben den materiellen Voraussetzungen geht es – bedingt durch die Vielzahl der zu erwartenden Veränderungen – bei der guten Vorbereitung auf den Ruhestand aber vor allem um eine ganzheitliche Betrachtung aller Lebensbereiche. Hierfür bietet die Methode der ganzheitlichen Lebensgestaltung, die im zweiten Teil dieses Buches ausführlich dargestellt wird, vielfältige Möglichkeiten. Dabei werden nicht nur finanzielle oder gesundheitliche Aspekte berücksichtigt, sondern alle Lebensbereiche systematisch bedacht.

Idealerweise findet der zukünftige Ruheständler schon vorher zu einer ganzheitlichen Lebensgestaltung und entwickelt ein Bewusstsein für die kommenden Anforderungen. Dazu gehören neue Entwicklungen in Partnerschaft und Familie, die Frage, was zukünftig an die Stelle des beruflichen Engagements treten kann, wie das soziale Umfeld bestellt sein soll, welche Hobbys und Interessen ausgeübt und verfolgt werden, wie sich die Wohnsituation darstellt, juristische Aspekte usw. Aber auch Sinnfragen und Spiritualität spielen im Alter wieder eine größere Rolle als in den mittleren Jahren.

Viele Manager und Führungskräfte haben Angst vor den bevorstehenden Veränderungen und verdrängen das Problem, indem sie sich an ihre Karriere klammern. Optimale Voraussetzungen für den Übergang in den Ruhestand sind aber nur dann gegeben, wenn die Betroffenen bereits im Verlauf ihres bisherigen Lebens persönliche Merkmale, soziale Beziehungen und finanzielle Mittel erworben haben, die auch nach der Pensionierung die Chance auf gesellschaftliches Ansehen und ein vom Beruf unabhängiges Selbstbild bieten.[26]

So geht es bei einer gezielten Vorbereitung also nicht nur um eine angemessene wirtschaftliche Planung, sondern auch und gerade um die Weiter- bzw. Neuentwicklung von Kompetenzen. Wer schon im Verlauf seiner Jugend oder seines Erwachsenenlebens gelernt hat, Herausforderungen zu meistern, wird sich im Alter leichter damit tun, unter teilweise eingeschränkten Bedingungen ein glückliches und erfülltes Leben zu führen. Diese allgemeinen »Lebenskompetenzen« lassen sich auch im fortgeschrittenen Alter noch erwerben.

Ein paar Fragen können helfen, sich auf die kommende Situation besser einzustellen:

- Wie ist mein bisheriges Leben verlaufen?
- Wie habe ich Herausforderungen und Probleme in der Vergangenheit gemeistert?
- Wie ist meine neue Ausgangssituation?
- Welche Rahmenbedingungen gilt es zu berücksichtigen?
- Was hat sich schon verändert? Was wird sich noch verändern?
- Welche nützlichen Fähigkeiten bringe ich für die neue Lebensphase mit?
- Wie soll meine Zukunft konkret aussehen?
- Was kann ich tun, um dieses Ziel zu erreichen?
- Wie kann ich mir die notwendigen Informationen beschaffen?

Menschen am Übergang zur Pensionierung nutzen in der Regel folgende Möglichkeiten, um sich ein Bild von den bevorstehenden Veränderungen zu machen:[27]

- Gespräche mit der Partnerin oder dem Partner
- Gespräche mit bereits pensionierten Bekannten
- Gespräche mit noch nicht pensionierten Bekannten
- Gespräche mit Kollegen und Kolleginnen
- Gespräche mit Beratern (z. B. Bank, Versicherung, Rentenanstalt)
- Bücher und Berichte in Zeitungen/Zeitschriften
- Sendungen im Rundfunk (Radio/Fernsehen)
- inner- oder außerbetriebliche Kurse oder Vorträge zur Vorbereitung auf das Alter/die Pensionierung

In Deutschland gibt es verschiedene Organisationen, die sich dem Ausscheiden aus dem Erwerbsleben und der Vorbereitung auf den Ruhestand widmen. So vertritt beispielsweise die Initiative »Jahresringe – Verband für Vorruhestand und aktives Alter e.V.«[28] die Interessen von Rentnern, Vorruheständlern und älteren Langzeitarbeitslosen. Zu den Aktivitäten des Verbandes gehören neben Schulungen und Rechtsberatungen auch geförderte Projekte und weitere Bildungs- und Freizeitangebote für ältere Menschen.

Die Vereinigung »ZWAR – Zwischen Arbeit und Ruhestand«[29] engagiert sich für Selbständigkeit im Alter und setzt sich für aktivierende Altenarbeit ein. Im Vordergrund steht dabei das Prinzip Hilfe zur Selbsthilfe. ZWAR bietet Publikationen, Fortbildungen und Veranstaltungen für ältere Menschen am Übergang Beruf-Alter an und vertritt deren Interessen.

Eine informative und kostenlose Broschüre mit Tipps zur Vorbereitung auf den Ruhestand hat das Bundesministerium für Familie, Senioren, Frauen und Jugend herausgegeben. Sie ist unter dem Titel »Der Rote Faden – ein Ratgeber für ältere Menschen« zu bestellen.[30]

Informationen zur Altersteilzeit können bei den örtlichen Arbeitsämtern, Landesarbeitsämtern, Gewerkschaften und Fachverbänden eingeholt werden. Neben der Deutschen Rentenversicherung Bund[31] erteilen auch die Arbeitsgemeinschaft für betriebliche Altersversorgung e.V.[32], die Bundesagentur für Arbeit[33] und der Verband Deutscher Rentenversicherungsträger[34] Auskünfte.

In Anbetracht der Tatsache, dass es bei einem plötzlichen Eintreten in den Ruhestand schwer ist, die entstehende zeitliche Lücke kurzfristig auszufüllen, lohnt es sich, noch während der Berufstätigkeit darüber nachzudenken, welche Möglichkeiten des Engagements später in Frage kommen. Während es für leitende Angestellte in der Regel schwer ist, ein schrittweises Ausscheiden aus dem Unternehmen zu realisieren (für sie gilt oft: ganz oder gar nicht), haben Selbständige und Freiberufler hier eindeutige Vorteile. Sie können sukzessive ihr Arbeitsvolumen zurückfahren und sich alternative Beschäftigungen suchen, die es ihnen erlauben, auch im fortgeschrittenen Alter selbstbestimmt zu arbeiten – sofern sie das möchten.

Leitenden Angestellten steht aber zum Beispiel die Möglichkeit offen, sich mit Hilfe bereits vorhandener Kenntnisse parallel zum ausgeübten Beruf eine Selbständigkeit aufzubauen, die zunächst nur nebenbei, gewissermaßen wie ein Hobby, gepflegt wird und dann im Laufe der Jahre ausgebaut werden kann. Vielleicht erübrigt sich auf diese Weise auch das Problem der abrupten Pensionierung, weil man sich irgendwann entscheidet, das Angestelltendasein zugunsten des selbständigen Arbeitens aufzugeben. Allerdings können Arbeitgeber ihren Mitarbeitern eine Nebentätigkeit verbieten, wenn diese in Konkurrenz zum Hauptarbeitgeber steht oder die Leistung des Mitarbeiters beeinträchtigt wird.

Ein Hobby oder außerberufliches Interesse, das über die Jahre aufgebaut und weiterentwickelt wird, kann ebenfalls derart zur Leidenschaft werden, dass es die fehlende Erwerbstätigkeit später gut kompensiert. In einigen Fällen entwickeln sich daraus sogar wieder neue berufliche Perspektiven. Denkbar ist auch eine Lehrtätigkeit, etwa an Fachhochschulen, die es erlaubt, die erworbene Expertise weiterzugeben, und auch noch ein Engagement im Alter honoriert.

Daneben gibt es unzählige Möglichkeiten, sich in Verbänden und Vereinen, in Politik, Ehrenamt, Wissenschaft und Gesellschaft einzubringen. Sie können Artikel schreiben, anderen Menschen durch die Mitarbeit bei Non-Profit-Organisationen wie z. B. Amnesty International helfen, Kinder betreuen, Vorträge halten, studieren, Projekte und Initiativen in Ihrer Stadt realisieren und vieles mehr. Nur – das alles geht nicht auf Knopfdruck. Daher tun wir gut daran, uns rechtzeitig um Alternativen zu unserem beruflichen Dasein zu bemühen.

KAPITEL 5

FREIZEIT IM RUHESTAND

> Ich finde das Alter nicht arm an Freuden;
> Farben und Quellen dieser Freuden sind
> nur anders.
>
> *Alexander von Humboldt,*
> *Naturforscher und Geograph*

Die zunächst sicher bedeutendste Erfahrung beim Ausscheiden aus dem Erwerbsleben ist der enorme Zugewinn an Freizeit, der durch den Wegfall der bisherigen Arbeitszeit entsteht. Dabei kann die Wahrnehmung dieses Umstands durchaus ambivalent sein: Ist es nun in erster Linie ein Geschenk oder eher ein Verlust? Wahrscheinlich werden Menschen, die schon vorher ihr Leben eher ganzheitlich und vielfältig – d. h. auch unter bewusstem Einbezug anderer Lebensbereiche – gelebt haben, die neuen Bedingungen eher begrüßen und als Gewinn betrachten. Neupensionäre, die sich während ihrer Erwerbstätigkeit primär über ihren Beruf definiert haben, müssen nun umdenken und umlernen. Für sie wird zunächst das Gefühl des Verlustes bestimmend für die Wahrnehmung der neuen Situation sein. Die spannende Frage lautet also: Endlich frei – was jetzt?

Grundsätzlich ist festgestellt worden, dass die meisten Menschen im Alter dazu neigen, wenig neue Dinge in ihr Leben zu integrieren, dafür jedoch Vorhandenes zu pflegen und auszubauen.[35] Gleichzeitig wird das Freizeitverhalten von verschiedenen Einflussgrößen mitbestimmt. Dazu zählen:[36]

- ökologische Faktoren
- sozioökonomische Faktoren
- soziale und personale Faktoren

Vor allem anderen scheinen sich Geschlecht, Gesundheit und materielle Situation der Pensionäre auf ihr Freizeitverhalten auszuwirken. So gehen z. B. Frauen häufiger ins Theater, besuchen Freunde, hören sich Radiosendungen an oder schreiben Briefe, während Männer offenbar lieber Zeitung lesen, spazieren gehen oder ein Restaurant besuchen.

Nach neueren Untersuchungen[37] sind die meisten Menschen nach ihrer Pensionierung nicht mehr berufstätig. Wer auch im Rentenalter noch arbeitet, hat natürlich entsprechend weniger Freizeit. Die nicht erwerbstätigen Rentner gehen in ihrer Freizeit gern folgenden Aktivitäten nach (Aufzählung nach Häufigkeit):[38]

- gemeinsame Zeit mit der Familie
- spazieren gehen
- Musik oder Radio hören
- fernsehen
- Hausarbeit, kochen
- Zeitschriften und Zeitungen lesen
- Sport treiben, wandern

- Verwandte, Bekannte und Kollegen besuchen (oder besucht werden)
- kleinere Ausflüge
- anderen Menschen helfen
- nichts tun, ausruhen
- reisen
- Bücher lesen
- basteln und Handarbeiten verrichten
- Café- oder Restaurantbesuche
- Gartenarbeit, Landwirtschaft, Tierhaltung
- künstlerische Tätigkeit (Foto, Film, Musik, Malen, Schreiben)
- Besuch von Gottesdiensten
- spielen (Gesellschaftsspiele)
- Mitarbeit in öffentlichen Einrichtungen
- Konzert- und Theaterbesuche
- Kurse zur beruflichen oder allgemeinen Weiterbildung

Sind die entsprechenden Möglichkeiten gegeben, um ihren Interessen nachzugehen, erklären sich die meisten Pensionäre mit ihrer Freizeit zufrieden, auch wenn sich vielleicht nicht jeder Traum realisieren lässt. Wer beispielsweise gern reisen möchte, sich hin und wieder etwas Schönes gönnt und wert auf einen gewissen materiellen Status legt, braucht dann natürlich auch den entsprechenden finanziellen Hintergrund.

Insgesamt gibt es mehr Freizeitaktivitäten als vor dem Berufsausstieg, aber nicht jeder vor der Pensionierung gefasste Plan wird tatsächlich umgesetzt.[39] Nicht zuletzt hängt auch in der nachberuflichen Freizeit vieles von der persönlichen Motivation und Interessenlage ab.

Als wohltuend wird empfunden, dass im Alter nicht mehr so genau auf die Zeit geachtet werden muss. Die meisten Rentner verplanen nicht jede Minute und genießen ihre Freizeitaktivitäten ohne schlechtes Gewissen. Dazu gehört es beispielsweise, morgens auszuschlafen und in aller Ruhe zu frühstücken. Auch werden nun gern Dinge aufgearbeitet, die in der Vergangenheit aufgrund Zeitmangels liegen geblieben sind.

Zunehmende Bedeutung bekommen auch gesellschaftliche Anlässe wie Jubiläen, Geburtstage oder Familienfeiern, denn jetzt verfügt man wieder über die Zeit und die Muße, solche Feste in Ruhe zu genießen.

Und natürlich spielt nun die Gesundheit eine größere Rolle als vorher; um selbständig und mobil zu bleiben, aber auch um sich wohl und energiereich zu fühlen, muss im Alter mehr getan werden. Dazu gehören regelmäßige Kontrollbesuche beim Arzt ebenso wie ein den individuellen Bedürfnissen und Möglichkeiten angepasstes Fitnessprogramm. Sport stärkt das Selbstwertgefühl, steigert das Wohlbefinden und schafft neue soziale Kontakte. Die Gesundheit kann sich auf das Freizeitverhalten förderlich oder hemmend auswirken. Allerdings gilt dies ebenfalls umgekehrt, denn Mobilität und physische Belastbarkeit werden natürlich auch durch das Freizeitverhalten beeinflusst.

KAPITEL 6

VERÄNDERUNGEN IN DER PARTNERSCHAFT

> Alter schützt vor Liebe nicht,
> aber Liebe schützt bis zu einem gewissen
> Grad vor Alter.
>
> *Jeanne Moreau,*
> *französische Filmschauspielerin*

Die meisten Menschen sind zum Zeitpunkt ihres Ausscheidens aus dem Berufsleben verheiratet oder leben in einer Partnerschaft.[40] Von den Folgen der Pensionierung ist also nicht nur der Ruheständler selbst, sondern in besonderem Maße auch der Lebenspartner betroffen. Am stärksten wirkt sich dabei aus, dass der ehemals Erwerbstätige nun den ganzen Tag überwiegend zu Hause ist und in traditionelle »Reviere« des Partners eindringt. Dieser kann es als Verlust von Autonomie und Selbstbestimmung erleben, wenn der Pensionär sich nun auf einmal in Dinge einmischt, die vorher nicht in seine Zuständigkeit fielen. Der Tagesablauf und der Umgang mit Zeit verändern sich in dieser Situation grundlegend; hinzukommt, dass über Jahrzehnte eingespielte Rituale auf einmal verloren gehen, man sitzt förmlich aufeinander und muss zu einer neuen Rollenverteilung finden.

Ob und wie das funktioniert, hängt auch von der individuellen Situation des Paares ab, z. B. davon, ob beide Partner in den Ruhestand gegangen sind oder nur einer betroffen ist. Weiter ist von Bedeutung, ob die neu gewonnene Freizeit im Wesentlichen frei gestaltet werden kann oder ob möglicherweise familiäre Verpflichtungen bestehen, wie die Pflege eines hilfsbedürftigen Angehörigen oder die Betreuung von Enkelkindern. Auch der Gesundheitszustand der Partner und die finanziellen Rahmenbedingungen spielen natürlich eine Rolle.

War die Zeitplanung des Paares in der Vergangenheit erheblich durch die Berufstätigkeit eines oder beider Partner beeinflusst, gilt es nun, da diese Zwänge entfallen, sowohl für die allein als auch für die gemeinsam verbrachte Zeit neue Abläufe und Strukturen zu entwickeln. Bei vielen älteren Menschen tritt nun der Haushalt als strukturgebendes Element stärker in den Vordergrund. Die täglichen Rituale werden neu eingeübt und an die Anforderungen des jetzt intensiveren Zusammenlebens angepasst.

Ist der frischgebackene Ruheständler noch stark auf das vergangene Berufsleben fixiert und kann er mit der neu gewonnenen Zeit so recht nichts anfangen, treten häufig erste Probleme auf. Zu dem Verlustgefühl und der Identitätskrise kommen Unzufriedenheit und Unausgeglichenheit hinzu. Dies führt zu Enttäuschungen beim Lebenspartner, und Spannungen treten auf. Das ist auch der Fall, wenn die gemeinsam verbrachte Zeit nicht nur in qualitativer Hinsicht, sondern auch quantitativ nicht den Vorstellungen und Erwartungen entspricht, die sich im Vorfeld der Pensionierung aufgebaut haben. So verweisen Untersuchungen aus den 90er Jahren[41] darauf, dass vor Eintritt in den Ruhestand 80 Prozent der Ehepartner mit einer Zunahme der gemeinsamen Aktivitäten rechneten, was sich aber nur für etwa die Hälfte der Befragten realisierte. Dieser Anteil reduzierte sich nochmals, wenn ein Partner weiterhin berufstätig blieb.

Die im gemeinsamen Haushalt anfallenden Aufgaben müssen nun neu verteilt werden. Wie das geschieht, wird wesentlich von der in den vergangenen Jahrzehnten gelebten Arbeitsteilung der Ehepartner beeinflusst. Gerade wenn die Rollen traditionell ausgefüllt wurden – die Frau sich also in erster Linie um Haushalt und Kinder kümmerte, während der Mann der Erwerbstätigkeit nachging –, muss ein Umdenken stattfinden. Ein Gleichgewicht kann nach dem Wegfall der Berufsrolle eines der Partner durch eine Neuverteilung der Aufgaben zumindest teilweise wieder hergestellt werden. Allerdings übernehmen die meisten Männer bis dato auch im Ruhestand eher »maskuline« Tätigkeiten wie Reparaturen, während die Frauen sich weiterhin um die Wäsche kümmern. Während es also bisher in vielen Ehen auch während der dritten Lebensphase bei einer traditionellen Rollenverteilung bleibt[42] – eine Beteiligung des Mannes am Haushalt wird von manchen Frauen gar nicht gewünscht oder sogar kritisiert[43] (Ursache mag der Schutz des Selbstbildes und eine Abgrenzung gegenüber dem Mann sein) –, gibt es Anzeichen[44] dafür, dass sich dies bei zukünftigen Ruhestandsjahrgängen ändern könnte. Damit erhöht sich möglicherweise auch das Konfliktpotential, weil ein Prozess des Abgleichens und der Neuorientierung notwendig wird. Schließlich ist nicht anzunehmen, dass künftige Frauengenerationen die alte Rollenverteilung ohne weiteres akzeptieren werden, nachdem sie selbst vermehrt die Rolle der Erwerbstätigen gelebt haben, sei es nun mit Kindern oder ohne.

Für beide Seiten, Männer wie Frauen, fallen nach der Pensionierung gel(i)ebte Rituale weg: der tägliche Weg zur Arbeit, eine bestimmte Art, das Frühstück einzunehmen oder das Wochenende zu beginnen, das »Feierabendgefühl«, der Austausch mit Kollegen beim Kaffee, Momente für sich selbst. Das Berufsleben hat nicht nur auf die Tagesstruktur einen großen Einfluss, sondern bringt über die Jahre auch viele Gewohnheiten mit sich, die dem Tag und der Woche Profil geben und den Menschen Orientierung und Identität verschaffen. Für die Partnerschaft selbst können sich Rituale durchaus verbindend auswirken.[45] Insofern mag das vorübergehende Beibehalten einiger liebgewordener Gewohnheiten bei gleichzeitigem Entdecken neuer gemeinsamer Rituale sinnvoll sein, weil es einen weicheren Übergang ermöglicht. Ob das nun bedeutet, auch weiterhin nur am Wochenende auszuschlafen oder die morgendlichen Abläufe im Badezimmer beizubehalten, wird jedes Paar für sich entscheiden.

Interessant ist, dass sowohl die Berufstätigkeit als auch die eigenständige Haushaltsführung nicht nur als Pflicht, sondern auch als ein ganz persönliches Stück Leben empfunden werden kann, in dem man sich einen Ausgleich zum Familienleben schafft. Beide Bereiche bieten die Möglichkeit, sich in anderen Beziehungsfeldern mit anderen Spielregeln zu bewegen und Erfolge zu erleben. Mit dem Übergang in die Rente fallen diese autonomen Lebensbereiche für beide Partner auf einmal entweder weg oder sind »bedroht«, wie der bisher in Eigenregie geführte Haushalt. Die gleichzeitige, fortwährende Präsenz des Partners kann dann so lange als Belastung empfunden werden, bis neue Aktionsfelder gefunden sind, die Sinngebung und autonomes Handeln ermöglichen. In jedem Fall werden die Ehepartner auf sich selbst und aufeinander[46] verwiesen, wodurch der Druck innerhalb der Beziehung steigt.

Ob es zu einer erfolgreichen gemeinsamen Bewältigung dieser Veränderungen kommt, hängt zu einem nicht unwesentlichen Teil davon ab, wie die Beziehung im Vorfeld beschaffen war. Vor allem wenn beide Partner jetzt viel zu Hause sind, können latente Konflikte, die zuvor durch die beruflichen Aktivitäten kaschiert wurden, offenbar werden. War die Beziehung schon vor der Pensionierung harmonisch, begrüßen beide Partner den Zugewinn an gemeinsamer Zeit in der Regel. Einigen Paaren mag die neue Situation aber zu viel Nähe mit sich bringen.

Wichtig ist in jedem Fall, dass die Lebenspartner sich bei der Anpassung an die neuen Bedingungen gegenseitig unterstützen und die Unsicherheiten nicht noch verstärken. Dazu gehört Verständnis für die Situation des anderen und die Bereitschaft, sich auseinanderzusetzen und an sich selbst zu arbeiten. Letztlich müssen sich beide Partner bewegen, um der veränderten Situation gerecht zu werden.

Besondere Bedeutung kommt dabei dem regelmäßigen Austausch über persönliche Werte und Vorstellungen, aber auch ganz alltägliche Dinge zu. Schritt für Schritt wird so im Dialog ein Abgleich stattfinden, der im Ergebnis einen gemeinsamen Weg aufzeigen kann, aber auch genug Freiräume für individuelle Bedürfnisse und Entwicklungen lässt. Es ist empfehlenswert, über diese Dinge bereits vor dem Ausstieg aus dem Erwerbsleben zu sprechen, wenngleich natürlich nicht alles vorhersehbar oder planbar ist. Aber es geht ja in erster Linie darum, miteinander zu reden, in Kontakt zu bleiben und zu verstehen, was im anderen vor sich geht. Nur so kann auch in der Rentenzeit ein harmonisches Beziehungsleben stattfinden.

Betrachten Sie die neue Partnerschaftssituation als Chance, weiter miteinander zu wachsen und in der Beziehung gemeinsam eine neue Ebene zu erreichen. Die Möglichkeit, mehr Zeit miteinander zu verbringen, kann Ihrem Liebesleben und Ihrem Lebensgefühl neuen Auftrieb geben, vorausgesetzt, Sie setzen sich wirklich mit Ihrem Partner auseinander.

Die Belastungsprobe des Übergangs Beruf-Alter kehrt oft das Innere einer Beziehung nach außen: Wurde bisher nur nebeneinanderher gelebt und die Partnerschaft durch äußere Zwänge zusammengehalten? Oder gibt es eine tiefe innere Verbindung, ein echtes Interesse am anderen und den Wunsch nach einem gemeinsamen Leben? Natürlich stellen sich diese Fragen nicht erst mit der Rente, sondern charakterisieren eine Lebensgemeinschaft bereits in früheren Phasen. Besonders evident werden sie allerdings während der Übergänge von einer Lebensphase zur nachfolgenden. Das gilt für alle biografischen Transitionen und wird durch den Eintritt ins Rentenalter erneut offenbar.

KAPITEL 7

DIE VERSCHIEDENEN ALTERSPHASEN – KAPITEL UNSERES LEBENS

> Die Erscheinung verändert sich,
> dafür beginnt der Charakter sich langsam
> zu formen. Bevor wir ganz verschwinden,
> wachsen wir noch einmal zur größten Größe.
> Wie eine Supernova.
>
> *Bob Hunter, amerikanischer Journalist
> und Umweltaktivist*

Ganz so wie sich alles Leben auf der Erde in Schüben oder Phasen entwickelt, nimmt auch unser Leben – aus einem gewissen Abstand betrachtet – einen phasenartigen Verlauf. Wir erleben zwar ein Kontinuum von Tag zu Tag, schauen wir jedoch zurück auf die Vergangenheit, können wir unser Leben in Stationen betrachten, wie Kapitel in einem Roman. Und wir erkennen, dass wir mit fünfzig Jahren nicht die gleichen Bedürfnisse haben wie als Teenager, nicht den gleichen Anforderungen gegenüberstehen. Unser Leben stellt sich in den verschiedenen Altersphasen ganz unterschiedlich dar, und es ist gut, die vorangegangenen Kapitel zu kennen, auch wenn wir uns stets auf das aktuelle konzentrieren müssen und über die kommenden noch nicht viel wissen.

Die verschiedenen Lebensphasen sind in der Regel mit den so genannten Lebensereignissen (Einschulung, Familiengründung, Berufstätigkeit, Pensionierung usw.) verknüpft. In jeder Periode lassen sich für diese Entwicklungsstufe typische Erfahrungen ausmachen.

Peter Laslett[47] unterscheidet – auf das gesamte Leben bezogen – grob vier Phasen des Alterns, die dann teilweise nochmals in kleinere Abschnitte unterteilt werden können:

- erste Altersphase: Zeit der Abhängigkeit, Sozialisation, Unreife und Erziehung;
- zweite Altersphase: Zeit der Unabhängigkeit, Reife und Verantwortung, des Verdienens und Sparens;
- dritte Altersphase: Zeit der persönlichen Erfüllung;
- vierte Altersphase: Zeit der unwiderruflichen Abhängigkeit, der Altersschwäche und des Todes.

Natürlich handelt es sich hierbei um ein grobes Schema, aber die Orientierung an Altersphasen erleichtert es uns, die unterschiedlichen Konstellationen des Lebens besser zu verstehen und uns anzupassen, wenn die Bedingungen sich ändern, weil wir eine neue Station erreicht haben. In jeder Phase unseres Lebens gibt es charakteristische Probleme und auch schöne Seiten, die sie gegenüber einer anderen attraktiv und besonders machen.

Einige Menschen sind allerdings schon als Kind mit Herausforderungen konfrontiert, denen sich andere erst später im Leben stellen müssen, z. B. chronische Krankheiten oder Schicksalsschläge. Und mancher muss im Alter mühsam erlernen, was der Nachbar schon als Kind konnte. Wenn wir über die verschiedenen Altersphasen nachdenken, die wir durchleben, dürfen wir nicht vergessen, dass diese naturgemäß bei jedem Menschen anders verlaufen. Es hängt stark von der persönlichen Entwicklung, den psychosozialen Bedingungen, Einflüssen der Umgebung und vielen weiteren Faktoren ab, wann eine bestimmte Phase bei uns selbst beginnt und wie wir sie erleben.

Wenn wir einen strukturierten Blick auf unser Leben werfen wollen, ist es sinnvoll, uns zunächst zu vergegenwärtigen, in welcher Lebensphase wir uns befinden und wie sie sich für uns ganz konkret gestaltet. Wenn wir auf diese Weise unsere »Position« bestimmt haben, können wir uns die Vergangenheit anschauen und uns fragen, welchen Einfluss sie auf unsere Gegenwart hat. Als Nächstes richten wir dann den Blick auf die kommenden Lebensphasen und überlegen, was wir tun können, um unsere in die Zukunft gerichteten Ziele zu erreichen.

Erste Altersphase: Kindheit und Jugend

> Wenn Leute sich lieben,
> dann bleiben sie jung füreinander.
> *Paul Ernst, Schriftsteller*

Die Kindheit und das Aufwachsen eines Menschen sind geprägt durch die ersten Lebenserfahrungen im direkten sozialen Umfeld, durch die Abhängigkeit von den Eltern, aber auch ihre Erziehung und Fürsorge. Das Kind lernt, sich als Individuum wahrzunehmen, und wird in intime persönliche Beziehungen eingeführt.[48] Gleichzeitig findet in den Erziehungsinstanzen Kindergarten und Schule sowie durch Freunde und deren Familien eine gesellschaftliche Prägung statt. In dieser ersten Altersphase vollzieht sich die primäre Sozialisation[49], also eine erste und für die Zukunft prägende Unterweisung der Heranwachsenden in den gesellschaftlich relevanten Kulturtechniken. Hier wird auch der Grundstein für die Ausbildung von Sozialkompetenzen gelegt.[50] In der Entwicklungspsychologie wird dieser Phase, in der wir auch geschlechtsbezogene Rollen einüben[51], eine entscheidende Bedeutung für unsere spätere Entwicklung zuerkannt.

Außerhalb der Familie – im Freundeskreis, beim Sport, in der Schule – findet die sekundäre Sozialisation statt: Die in der Familie gelernten Verhaltensweisen werden an anderen Menschen ausprobiert, und neue Erfahrungen kommen hinzu. Selbständigkeit und Selbstwertgefühl entwickeln sich in Abhängigkeit von den individuellen Erlebnissen. Je weiter die Suche nach der eigenen Identität fortschreitet, desto mehr Grenzen werden ausgetestet und desto häufiger kommt es zu Konflikten mit Familie und Erziehern.

Der Beruf tritt als Lebensbereich zunächst über die Eltern in Erscheinung, denn deren Vorstellungen und Werte legen zusammen mit dem Einfluss der Schule Handlungsorientierungen und Verhaltensmuster nahe, die sich z.T. auch in der späteren beruflichen Entwicklung des Betroffenen wiederfinden. Schon im Elternhaus wird in vielen Fällen die Besetzung milieutypischer Arbeitsplätze vorbereitet und entsprechend Einfluss auf die schulische und berufliche Laufbahn der Kinder genommen.[52] So spiegeln sich verschiedene Erziehungsstile – z. B. ob das Kind zu Selbständigkeit und Selbstvertrauen angeregt wurde oder eher zu Unsicherheit und Selbstzweifeln – im späteren Verhalten im Beruf wider.

Ob wir Entscheidungen eigenständig treffen können und in der Lage sind, Grenzen zu erkunden, hängt davon ab, wie viel Bewegungsfreiheit uns in der ersten Altersphase gelassen wurde. Wir passen uns an, um zu gefallen, oder passen uns nicht an, um Aufmerksamkeit zu bekommen.

Die Verantwortung für unser Leben liegt während dieser Phase zum großen Teil noch in den Händen anderer Menschen, Autoritäten im privaten wie im gesellschaftlichen Umfeld, die wir akzeptieren oder von denen wir uns abgrenzen.

Wir sind in diesem Alter erstaunt über die Welt und getrieben von der Lust, Neues zu entdecken. Es ist eine Zeit des Experimentierens und Erkundens, wobei wir auf Freiräume und angemessene Begleitung angewiesen sind. Ist beides in ausreichendem Maße vorhanden, können wir unsere Fähigkeiten entwickeln und ausbauen. Immer geht es aber auch darum, zu lernen, dass Grenzen, an die wir stoßen und die wir nicht überwinden können, respektiert werden müssen.

Als Heranwachsende interessiert uns, wer für uns da ist, was uns Spaß macht und wie wir uns durchsetzen können.[53] Wir lernen, den eigenen Platz in der Welt zu suchen, wenngleich wir ihn oft noch nicht recht finden können.

Sind die oben beschriebenen Aspekte bezeichnend für das Lebensgefühl und die Lebensführung eines Menschen, befindet er sich in der ersten Altersphase. In diesem Sinne kann also auch ein stark geistig behinderter Mensch im fortgeschrittenen Lebensalter trotzdem noch in der ersten Altersphase leben.[54]

Zweite Altersphase: Erwachsenendasein

> In unserer Jugend schuften wir wie Sklaven, um etwas zu erreichen, wovon wir im Alter sorgenlos leben könnten: Und wenn wir alt sind, sehen wir, dass es zu spät ist, so zu leben.
>
> *Alexander Pope, englischer Schriftsteller und Satiriker*

Die zweite Altersphase bringt neue Aufgaben und Herausforderungen für den Menschen mit sich. Sie ist zugleich auch die längste Phase des Lebens. Die in der ersten Altersphase erfolgte primäre und sekundäre Sozialisation wird hier als tertiäre Sozialisation fortgesetzt.[55] Neben den Lebenswelten Familie und Freizeit gewinnt der Beruf zunehmend an Bedeutung. Zunächst findet jedoch eine Abnabelung vom Elternhaus statt, die mit der fortschreitenden Selbständigkeit einhergeht. Nach der Schule folgen dann in der Regel eine Ausbildung und/oder ein Studium und anschließend der Eintritt ins Berufsleben. Neue, teils geschlechtsspezifisch unterschiedliche Rollen werden erprobt und gelernt. Der Mensch bestimmt jetzt im Wesentlichen selbst über sein Leben und übernimmt Verantwortung für sich und andere. In dieser Altersphase werden wichtige Entscheidungen getroffen:[56]

- Welchen Beruf möchte ich lernen/ausüben?
- Mit wem gehe ich eine Partnerschaft ein?
- Will ich Kinder bekommen und eine Familie gründen?
- Wo und in welcher Konstellation will ich wohnen?
- Wie will ich leben (Lebensstil)?

Diese Fragen müssen teilweise mehrfach gestellt und – je nach Lebensumständen – unterschiedlich beantwortet werden. Dem Beruf kommt dabei als Kriterium der Selbstdefinition[57] und Mittel zur materiellen Absicherung der Familie[58] eine zentrale Bedeutung zu. Allerdings ist diese Selbstdefinition nicht immer frei gewählt, sondern wird dem Einzelnen durch die Bedingungen des Marktes und/ oder eines konkreten Arbeitgebers größtenteils aufoktroyiert[59]. Dies erfordert ein hohes Maß an Anpassungsfähigkeit. Je nach individuellen Umständen führt die fremddefinierte Rolle zu Frustration, Stress und gegebenenfalls gar zur Aufgabe der Tätigkeit. Dann muss die Frage nach dem beruflichen Weg neu erörtert werden. Findet der Erwerbstätige aber in die angebotene Rolle hinein und kann sie angemessen ausfüllen (möglicherweise auch selbst gestalten und verändern), stellt sich wiederum Zufriedenheit ein. In manchen Fällen werden Konventionen, Wertvorstellungen und Verhaltensmuster aus der Arbeitswelt so stark verinnerlicht, dass es zu einer Neudefinition der persönlichen Identität kommt. Dies wird in der Regel als umso befriedigender und stabilisierender erlebt, je höher der Arbeitsplatz in der beruflichen Hierarchie angesiedelt ist.[60]

Allerdings kann das durch den Beruf aufgezwungene Wertesystem mit der in der ersten Altersphase gewachsenen Identität kollidieren. Auch ist es möglich, dass die Identifikation mit dem Beruf derart hoch ist, dass dieser Bereich zum zentralen Lebensinhalt wird und andere Bereiche wie Partnerschaft und Familie, Freunde oder Gesundheit an Wichtigkeit verlieren. Manche Unternehmen fördern diesen Effekt dadurch, dass sie ihre Mitarbeiterschaft als »Familie« definieren und somit einen pseudofamiliären Anspruch erheben – allerdings ohne den Schutz und die Geborgenheit einer echten Familie geben zu können. Der Arbeitnehmer vergisst dabei leicht, dass er letztlich nur eine Ressource für das Unternehmen darstellt und im Endeffekt nach Kosten-Ertrags-Relationen bewertet wird.[61]

Das berufliche Engagement wirkt sich auch auf die Freizeit aus, die nichtberufliche Zeit. Einerseits steht jetzt weniger freie Zeit zur Ausübung von Hobbys und zu Treffen mit Freunden zur Verfügung, auf der anderen Seite schafft die Verbesserung der finanziellen Situation durch die Berufsausübung wiederum neue Freizeitmöglichkeiten (Urlaub, aufwendigere Sportarten, Privatunterricht nehmen usw.). Je nach Ansehen des gewählten Berufs fällt dem Erwerbstätigen in seiner Freizeit auch ein gewisser Status zu, der bei gesellschaftlichen Anlässen und durch den Lebensstil transportiert und wahrgenommen wird. Dadurch entsteht eine Wertigkeit, die weniger auf sozialen und personalen Eigenschaften beruht als vielmehr auf Fachkompetenzen.[62]

Diese zweite Altersphase wird nicht unerheblich beeinflusst durch die Erfahrungen, die wir in der ersten gemacht haben. Entweder findet hier eine bewusste Abgrenzung vom bisherigen Milieu und Wertesystem statt, oder die erlernten Konventionen werden beibehalten und aktiv gelebt. In vielen Fällen geschieht beides zu unterschiedlichen Anteilen.

Auch das Familienleben wird teilweise von den Erfahrungen der vergangenen Lebensphase beeinflusst. Hier vollzieht sich zudem ein Rollenwechsel: Wurde der Mensch in seiner Ursprungsfamilie während der ersten Altersphase vor allem durch die Eltern und Großeltern sozialisiert, ist es nun an ihm selbst, die sozialisierende Rolle gegenüber den Kindern auszuüben. Wir werden also mit den Jahren immer selbständiger und sind dadurch auch fähig, eigene Erfahrungen weiterzugeben.

Nicht jeder gründet jedoch eine Familie. An deren Stelle kann ebenso gut ein Leben als Single oder in einer Zweierbeziehung stehen. Nach Angaben des Statistischen Bundesamtes lebten im Jahre 2001 17 % der Deutschen allein, 1,5 Millionen Menschen gemeinsam mit sonstigen Verwandten oder Nichtverwandten.[63] Auch in diesen Lebensformen wird mit zunehmendem Alter Verantwortung für sich selbst und für andere Personen übernommen.

Sehen wir uns diese längste Lebensphase einmal genauer an, können wir drei verschiedene zeitliche Abschnitte ausmachen:

- die Zeit bis Ende zwanzig
- die Zeit von dreißig bis Mitte vierzig
- die Zeit ab Mitte vierzig bis Ende fünfzig

Die Möglichkeit, frei über unser Tun entscheiden zu können, ohne allzu viel Verantwortung tragen zu müssen, beflügelt uns in den Zwanzigern, zugleich verunsichert sie uns. Die abgeschlossene Ausbildung und der Einstieg in den Beruf stärken unser Selbstbewusstsein. Das erste eigene Geld ermöglicht eine Unabhängigkeit, die wir bewusst genießen. Wir sind weltgewandt, haben Freude am Reisen, sind erlebnishungrig und spaßorientiert. Unser persönliches Umfeld wird durch Freunde und Lebenspartner bestimmt, und das Lebensgefühl ist sehr auf den Moment bezogen.

In dieser Phase beschäftigen uns vor allem das Ausleben der eigenen Wünsche und Bedürfnisse, das Erleben von »Fun« und das Zusammensein mit Leuten, die zu uns passen.[64] Geld ist zum Ausgeben da. Wir machen uns erstmals Gedanken darüber, was wir beruflich erreichen wollen.

Die Zeit von dreißig bis Mitte vierzig wird gern als »Leistungsphase« bezeichnet. Wir suchen beruflich und privat nach Stabilität, sind nutzenorientiert und wägen Investitionen eher rational ab.[65] Im Alter von Mitte dreißig erfolgt bei einigen eine erste Zwischenbilanz des bisherigen Lebens. Gedanken an die Zeit des Alterns lassen uns nun auch Vorsorge treffen. Beziehungen werden vertieft und Freunde als Berater in Lebensfragen geschätzt. Die meiste Energie stecken wir in unsere berufliche Entwicklung. Wir genießen erste Erfolge, sind aber noch nicht am Ziel angelangt.

Während dieser Zeit fragen wir uns des Öfteren, was wir bisher erreicht haben, wie wir uns unseren weiteren Weg vorstellen, was wir aus unseren bisherigen Erfahrungen lernen können und wie wir am besten unser zukünftiges Leben gestalten. Von großer Wichtigkeit sind die Frage der Familiengründung und die damit verbundenen Herausforderungen. Das Interesse an der persönlichen und vor allem geistigen Weiterentwicklung wächst. Wir müssen lernen, mit Komplexität umzugehen und Prioritäten zu setzen.

Während der eine bei der Rückschau auf das bisherige Leben Anlass zur Zufriedenheit hat und im Reinen mit sich ist, sieht sich der andere vielleicht veranlasst, einen Neuanfang zu wagen. Die Frage lautet: Soll ich mein Leben grundlegend ändern oder das Bisherige festigen und vertiefen?

Zwischen Mitte vierzig und Ende fünfzig tritt neben diesen Fragen das persönliche Erleben wieder in den Vordergrund, allerdings nicht mehr auf so unruhige Weise wie mit Anfang dreißig.[66] Zunehmend stellen sich Sinnfragen, und der Wunsch nach innerer Einkehr wächst. Körperlich müssen wir mehr tun, um gesund zu bleiben. Viele erweitern ihr Aufgabenfeld um Engagement in Politik oder Gemeinwesen. Andere machen sich selbständig oder nehmen eine neue berufliche Herausforderung an.

In dieser Phase droht die Midlife-Crisis: Sinnfragen können das bisherige Lebenskonzept umwerfen. Klare Ziele und gute zwischenmenschliche Beziehungen sind hilfreich, um diese Phase zu überstehen, unter Umständen auch professionelle Hilfe. Wir überlegen in dieser Zeit, welche neuen Chancen wir wahrnehmen können, was wir bisher geleistet haben, wie wir unsere Fähigkeiten besser nutzen können. Wir setzen bewusster Prioritäten. Das kann auch die Trennung von alten Gewohnheiten und Werten, das Abwerfen von Ballast bedeuten.

Dritte Altersphase: nachberufliches Leben

> Der Ruhestand muss etwas Herrliches sein.
> Man kann ja schließlich nicht ewig den
> Bauch einziehen.
>
> *Burt Reynolds,*
> *amerikanischer Filmschauspieler*

Charakteristisch für die dritte Altersphase ist die Freiheit, persönlichen Interessen nachzugehen und sich selbst zu verwirklichen – sofern die entsprechenden Rahmenbedingungen gegeben sind. Diese Zeit ist geprägt vom Ausscheiden aus dem Erwerbsleben und der Gestaltung des nachberuflichen Ruhestandes. Auch in dieser Altersphase wird die tertiäre Sozialisation fortgesetzt[67], wobei sich die Einflussfaktoren verändern: Statt des Berufslebens steht jetzt das persönliche Umfeld wieder im Vordergrund. Entsprechend verändert sich auch die weitere Prägung des Menschen.

Mit dem Wegfall der Erwerbstätigkeit verschieben sich die Prioritäten, und die anderen Lebensbereiche müssen zum Teil neu strukturiert werden. Zum einen verschwindet für den Ruheständler ein zentrales Wertegefüge, wichtige Handlungsmuster, soziale Kontakte und identitätsstiftende Bestätigung gewissermaßen über Nacht. Gleichzeitig gewinnt der Mensch im Durchschnitt vierzig Stunden freie Zeit hinzu, die nun anders ausgefüllt werden können. Der tägliche Druck und die beruflichen Belastungen fallen weg, eventuell treten aber – je nach individueller Situation – neue Probleme auf.

Der Alltag muss komplett neu organisiert werden, und die Partnerschaft steht vor der Herausforderung, unter den veränderten Bedingungen weiter glücklich zu bestehen, zumal spätestens zu diesem Zeitpunkt die Kinder versorgt sein dürften und die Partner sich »face to face« gegenüberstehen. Das Leben findet nun die meiste Zeit zu zweit oder allein statt, teilweise ergeben sich aber auch neue Aufgaben im familiären Bereich wie das Hüten von Enkelkindern oder die Betreuung pflegebedürftiger Personen. Eine wichtige Rolle spielt das persönliche Umfeld. Nun sind auch wieder verstärkt soziale Kompetenzen gefragt, um sich in den neuen Lebensabschnitt einzufinden und dabei nicht allein zu bleiben.

Mit dem Verlust der beruflichen Identität geht nicht selten ein (manchmal nur subjektiv empfundener) Statusverlust im privaten Bereich einher. Betroffen sind davon z. B. Nichtakademiker, deren beruflicher Status nicht durch einen lebenslang mit dem Namen verbundenen akademischen Grad erkennbar bleibt. Besonders wenn der Beruf als wesentliches Element der Selbstdarstellung fungierte, leidet mit dem Ausscheiden aus dem Erwerbsleben das Selbstwertgefühl und auch das Vertrauen in die eigenen Fähigkeiten. Die Wahrnehmung, unabkömmlich zu sein, weicht dem Empfinden, nicht mehr gebraucht zu werden. Dies tritt vor allem dann auf, wenn die Betroffenen vorzeitig oder gegen den eigenen Willen aus dem Berufsleben ausscheiden und somit in ihrer Wahrnehmung in die Nähe der Arbeitslosigkeit geraten.[68] Läuft die Pensionierung regulär ab, schafft die gesellschaftliche Akzeptanz hier einen Ausgleich.

Das Schöne an dieser Lebensphase ist, dass Wünsche, die während der Erwerbstätigkeit aus zeitlichen Gründen nicht umgesetzt wurden, nun verwirklicht werden können. Dazu gehören in erster Linie gemeinsame Zeit mit dem Lebenspartner, der Familie und Freunden, Reisen sowie das Ausüben von Hobbys. Oft zeigt sich im sogenannten »dritten Alter« auch wieder eine größere Toleranz und Offenheit gegenüber den Mitmenschen, als dies in der stressbelasteten und leistungsorientierten zweiten Altersphase der Fall war.

Ab Anfang sechzig oder sogar schon mit Ende fünfzig überlegen wir immer öfter, wie wir unsere nächsten zwanzig oder mehr Jahre verbringen wollen. Diese doch recht lange Zeit bedarf der intensiven Vorbereitung. Da es eine Phase der Freude und Aktivität ist[69] – soweit die Gesundheit dies zulässt –, beginnt die Suche nach neuen Hobbys und Betätigungsfeldern. Wir reisen wieder mehr, genießen das Leben und betrachten rückblickend manches gelassener. Wenn Kinder vorhanden sind, weilen unsere Gedanken bei ihnen und den Enkelkindern. Je besser die Vorbereitung auf den Ruhestand, desto mehr können wir von seinen vielfältigen Möglichkeiten profitieren. Das Bedürfnis, Freude und Angenehmes zu erleben, wird unter Umständen wieder stärker als die Vernunft.

Das »dritte Alter« beginnt nicht notwendigerweise erst im klassischen Pensionsalter, sondern kann in Abhängigkeit von den individuellen Lebensumständen bereits früher einsetzen. Verfügt z. B. ein Profisportler, dessen Karriere im »Erstberuf« naturgemäß recht früh endet, über ausreichend finanzielle Mittel, kann er sich schon in jüngeren Jahren in diese Altersphase versetzen. Charakteristisch ist aber in jedem Fall die weitgehende Befreiung von beruflichen und zum Teil auch von familiären Verpflichtungen.[70]

Vierte Altersphase: hohes Alter

> Man muss lange leben,
> um ein Mensch zu werden.
>
> *Antoine de Saint-Exupéry,*
> *französischer Flieger und Schriftsteller*

Menschen im fortgeschrittenen hohen Alter sind zunehmend auf die Hilfe anderer angewiesen. Zum Ende unseres Lebens nehmen die körperlichen Gebrechen deutlich zu und führen damit nicht selten zu einer neuen Form von Abhängigkeit. Natürlich gibt es das Phänomen des 85-jährigen Marathonläufers, aber die meisten von uns sind in dieser Altersphase, die gleichwohl noch einige Jahre dauern kann, mehr oder weniger stark eingeschränkt oder pflegebedürftig. Wieder einmal verschieben sich die Prioritäten, und auch in dieser Phase muss die Lebensführung angepasst und in Teilen neu erlernt werden. Trotz der erheblichen Einschränkungen gibt es aber nach wie vor individuelle Entwicklungspotenziale, und das Leben kann »lebenswert« gestaltet werden.

Die eigene Familie und das persönliche Umfeld spielen eine zentrale Rolle bei der Betreuung. Meist sind es die Ehepartner oder Nachkommen (oft die Töchter oder Schwiegertöchter), die sich um die Pflege kümmern. Später wirken dann zunehmend Pflegedienste sowie Krankenhäuser an der Versorgung der hochaltrigen Menschen mit. Das Sterben vollzieht sich in den meisten Fällen (70 %)[71] im Krankenhaus oder Pflegeheim.

Wenn die Mobilität eingeschränkt ist, reduzieren sich auch die Möglichkeiten der Freizeitgestaltung. Damit werden soziale Kontakte schwieriger, und die Abhängigkeit von Pflegepersonal und Hilfsmitteln wächst. Ein individuellen Bedürfnissen angepasstes Wohnen (z. B. rollstuhlgerecht, ebenerdig, mit fußläufig erreichbarer Infrastruktur)und eine gute medizinische Betreuung sind wichtige Voraussetzungen, um sich auch im hohen Alter noch ein gewisses Maß an Selbständigkeit erhalten zu können.

Selbst in dieser Altersphase spielt der ehemalige Beruf noch eine Rolle, wenn auch nur mittelbar: Es besteht ein statistischer Zusammenhang zwischen ausgeübtem Beruf und Lebenserwartung[72]. Beispielsweise wurde nachgewiesen, dass ehemalige Beamte im Vergleich zu ehemaligen Arbeitern ein höheres Lebensalter erwarten können. Auch ein höheres Einkommensniveau und ein höherer Bildungsgrad sollen sich günstig auswirken. Diese Faktoren dürfen aber nicht isoliert betrachtet werden, sondern stehen in Zusammenhang mit der Lebensführung, den individuellen Lebensbedingungen und der gesundheitlichen Konstitution des Einzelnen.

Für manche Menschen gewinnt der Glaube in dieser Altersphase gegenüber den vorangegangenen Lebensphasen an Bedeutung. Die Auseinandersetzung mit dem Sterben und dem, was möglicherweise danach kommt, ist unausweichlich geworden. Vor diesem Hintergrund werden persönliche Beziehungen, wichtige Lebensereignisse und Konflikte noch einmal reflektiert.

Die Übergänge zwischen den Altersphasen

Immer wenn in unserem Leben ein neues Kapitel aufgeschlagen wird, findet ein Übergang statt. Diese Übergänge zwischen den einzelnen Altersphasen sind zeitlich selten genau festzulegen. Es handelt es sich eher um längere Zeiträume, die sich mitunter über einige Jahre hinziehen können.

Während des Übergangs von einer Phase zur nächsten muss der Mensch eine Reihe von Aufgaben bewältigen, um in der darauf folgenden Altersperiode die verschiedenen Lebensbereiche ausgewogen und stabil gestalten zu können. Die durch das Eintreten in einen neuen Abschnitt entstehenden Anforderungen helfen dem Menschen, zu reifen und sich weiterzuentwickeln. Gelingt die Bewältigung einer alterstypischen Aufgabe nicht, bleibt der Betroffene in Teilen mit der entsprechenden Lebensphase verhaftet und kehrt immer wieder zu den ungelösten Fragen zurück. Dann kann der Übergang krisenhaft erlebt werden, und es ergeben sich im späteren Leben Probleme und Konflikte, die hier ihre Wurzeln haben.

Der Übergang von der zweiten in die dritte Altersphase kann sich – ähnlich wie der von der ersten in die zweite – schwierig gestalten, weil zentrale Elemente der vorangegangenen Phase in Frage gestellt werden bzw. nicht mehr vorhanden sind und somit eine grundlegende Neuorientierung und Anpassung erfolgen muss. Wie bei allen Veränderungsprozessen löst dies bei vielen Menschen Ängste und Unsicherheiten aus, die dann im Extremfall zur Krise führen können, aber natürlich nicht müssen. Das souveräne »Hinübergleiten« gelingt nicht immer aus eigener

Kraft, kann aber durch ein stabiles soziales Netz und eine rechtzeitige Auseinandersetzung gefördert werden.

Der Übergang von der ersten in die zweite Altersphase

Dieser Wechsel ist gekennzeichnet durch das Ende der Schulzeit und den Eintritt in die Berufswelt (dort zunächst in Form einer Ausbildung) bzw. ins Studium. Der Adoleszent sieht sich mit neuen Herausforderungen konfrontiert, die es zu bewältigen gilt:[73]

- die eigene Stellung in der Gesellschaft finden
- das eigene Verhältnis zur Berufstätigkeit definieren
- ein tragfähiges Selbstbild entwickeln
- die kognitiven Fähigkeiten weiterentwickeln
- die Geschlechterrolle für sich konkretisieren

Die Identitätskrise des Heranwachsenden wird in der Regel durch die sozialisierenden und stabilisierenden Erfahrungen in der Berufswelt gelöst[74] oder, wenn das nicht gelingt, auch verlängert. Dies ist insbesondere dann der Fall, wenn kein Ausbildungs- oder Studienplatz gefunden wird.

Der Übergang von der ersten in die zweite Altersphase wird durch eine längere Schulzeit oder durch ein Universitätsstudium ausgedehnt, bei knapper Ausbildungszeit und schnellem Eintritt ins Berufsleben verkürzt.

Der Übergang von der zweiten in die dritte Altersphase

> Keine Grenze verlockt mehr zum
> Schmuggeln als die Altersgrenze.
> *Karl Kraus, österreichischer Kritiker,*
> *Satiriker, Essayist und Dramatiker*

Für die Zukunft erwartete Einschränkungen und der Verlust von sinngebenden Elementen der vorhergehenden Periode können den Übergang in die dritte Altersphase erschweren. Gleichzeitig schaffen eine gewisse Vorfreude auf die belastungsärmere Zeit und die Aussicht auf Verwirklichung persönlicher Wünsche auch eine positive Erwartungshaltung.

Für den Pensionär stehen neue Entwicklungsaufgaben an. Er muss:[75]

- sich aktiv am Prozess des Übergangs beteiligen
- die verschiedenen Lebensbereiche bewusst neu gestalten
- die eigene Lebenszufriedenheit neu bewerten und die Weltanschauung überdenken
- sich mit seiner Gesundheit auseinandersetzen

Durch die heutzutage höhere Lebenserwartung und zukünftig veränderten demografischen Bedingungen ergeben sich an diesem Punkt in unserem Leben vielfältige Chancen und Entwicklungsmöglichkeiten, die darin münden können, dass man vielleicht einen ganz neuen Weg einschlägt.

Folgende Themenkomplexe stehen nun im Vordergrund:[76]

- die veränderte finanzielle Situation (Finanzplanung, Geld verdienen, sparen)
- die neue Zeitstruktur (planen, Alltag neu organisieren, aktiv sein)
- die Gesundheit (Bewegung, Ernährung, gesunder Lebenswandel)
- die Partnerschaft (bewusst gemeinsam oder getrennt verbrachte Zeit, Aufgaben neu verteilen)
- Interessen und Aktivitäten (neue Hobbys, alte Interessen wieder aufgreifen)
- Erwerbstätigkeit oder alternative Beschäftigungen (z. B. Ehrenamt, Kurse)
- der Sinn des Lebens (Spiritualität, Glaube)

Der Übergang von der dritten in die vierte Altersphase Oftmals bestimmt vom (teilweisen) Verlust der Selbständigkeit, von zunehmender Vereinsamung (Verlust des Partners sowie von Freunden) und vom Bewusstsein des nahenden Todes, stellt dieser Übergang für alle Menschen eine große Herausforderung dar. Nicht zuletzt deshalb spielt Spiritualität für viele nun wieder eine größere Rolle.

Als wesentliche Aufgaben stellen sich dem hochaltrigen Menschen:[77]

- die Bewältigung des Alltags (Selbständigkeit und Beweglichkeit)
- die Beibehaltung sozialer Kontakte (Familie, Nachbarn, Freunde, Pflegepersonal)
- der Umgang mit Krankheit und Seelennöten (Schmerzen, Depressionen)

- eine Neubewertung der wiederum veränderten Lebensbedingungen
- die Annahme des nahenden Todes
- ein bewusstes Abschiednehmen und mit sich selbst ins Reine kommen
- Sinnfragen

Besonderheiten des Übergangs Beruf-Alter

> Das Alter ist ein höflicher Mann: / Einmal
> übers andre klopft er an, / Aber nun sagt
> niemand Herein: / Und vor der Tür
> will er nicht sein, / Da klinkt er auf, tritt ein
> so schnell, / Und nun heißt's, er sei
> ein grober Gesell.
>
> *Johann Wolfgang von Goethe*

Im Laufe unseres Lebens bewältigen wir beruflich wie privat eine Vielzahl von tiefgreifenden Veränderungen: Familiengründung, Jobwechsel, Umzüge, Trennungen, Krankheit und Leid. Aber gerade die Pensionierung stellt einen umfassenden Bruch in unserer Biografiekontinuität dar, heißt es doch, vieles von dem, was wir uns über Jahrzehnte aufgebaut haben, hinter uns zu lassen. In der Gesamtschau der Lebensereignisse bedeuten das Ausscheiden aus dem aktiven Erwerbsleben und der Eintritt in den nachberuflichen Ruhestand deshalb eine besondere Herausforderung, die erhebliche Anpassungsleistungen verlangt und sich über einen längeren Zeitraum hinzieht.

Nach Atchley[78] läuft dieser Übergangsprozess in sieben

Schritten ab, wobei die beiden ersten noch in die letzte Zeit der Berufstätigkeit fallen, die übrigen fünf in die Zeit des Ruhestands:

1. die Fernphase
2. die Nähephase
-P-E-N-S-I-O-N-I-E-R-U-N-G-
3. die Euphoriephase
4. die Ernüchterungsphase
5. die Reorientierungsphase
6. die Stabilitätsphase
7. die Endphase

Die Fernphase: Zu Beginn des Übergangs in die dritte Altersphase, noch während der aktiven Berufstätigkeit, ist die Einstellung zur Pensionierung zwar unbestimmt, aber im Prinzip positiv. Die nachberufliche Zeit erscheint aus dieser zeitlichen Entfernung wie ein langer Urlaub.

Die Nähephase: Gegen Ende der Erwerbszeit, kurz vor dem Ausscheiden aus dem Beruf, gibt es zunächst eine Reihe von formalen Dingen zu klären, z. B. werden die unterschiedlichen Möglichkeiten des Ausstiegs eruiert und abgewogen, wobei der Aspekt der finanziellen Absicherung im Vordergrund steht. Der anstehende Übergang lässt sich nicht mehr verdrängen, und man fragt sich, was diese neue Lebensphase wohl mit sich bringen wird. Sind die materiellen oder gesundheitlichen Voraussetzungen ungünstig, weicht die positive Erwartung einer gewissen Skepsis.

Die Euphoriephase: Unmittelbar nach der eigentlichen Pensionierung kommt erst einmal Hochstimmung auf – sofern die materiellen und gesundheitlichen Rahmenbedingungen stimmen. Der Mensch erlebt eine belastungsarme Zeit und widmet sich mit großer Leidenschaft der Verwirklichung lang gehegter Wünsche. Urlaube, kleinere Anschaffungen, Hobbys und gesellschaftliche Anlässe, all dies kann jetzt endlich unbeschwert umgesetzt werden. Im anfänglichen Überschwang werden diese Bedürfnisse oft kumulativ und unkoordiniert ausgelebt, was zum Phänomen des unter Zeitnot leidenden Pensionärs (Freizeitstress) führen kann.

Die Ernüchterungsphase: Die Euphoriephase kann nur eine begrenzte Zeit andauern. Früher oder später tauchen finanzielle oder physische Grenzen auf, und der Mensch kommt zur Ruhe. Jetzt wird klar, dass es die nächsten fünfzehn, zwanzig oder mehr Jahre nicht nur darum gehen kann, Urlaub zu machen und Feste zu feiern. Möglicherweise entstehen Probleme in der Partnerschaft (ungewohnt viel gemeinsame Zeit, subjektiv empfundene Einschränkung erworbener Freiräume), und das enorme Loch, das durch den Wegfall des Lebensbereichs Beruf gerissen wurde, klafft. Nun wird der Rentner auf sich selbst verwiesen und er muss sich fragen, ob seine Erwartungen an die Zeit der Pensionierung unrealistisch waren. Vor allem diejenigen, die über geringe materielle Mittel verfügen, gesundheitlich belastet sind oder unverhältnismäßig stark mit ihrem Beruf identifiziert waren, fallen in ein emotionales Loch.[79]

Wer aber gewohnt ist, sein Leben selbst zu gestalten, wer sich systematisch auf die Pensionierung vorbereitet hat und über ein intaktes soziales Umfeld verfügt, betrachtet die neue Situation als Gewinn. In manchen Fällen wird zu diesem Zeitpunkt wieder eine Erwerbstätigkeit aufgenommen, wenn auch nicht im gleichen Umfang wie früher.

Hansjürgen Spiller, ehemaliger Geschäftsführer verschiedener mittelständischer Betriebe und Gesellschafter einer führenden amerikanischen Unternehmensberatung, beschreibt seine eigene Pensionierungserfahrung ganz im Sinne Atchleys:[80]

»Wahrhaftig erlebt und empfunden ist das PPL [Post Professional Life] für die meisten der Betroffenen insgesamt eine Enttäuschung. Wenn die anfängliche Euphorie über die gewonnene Freiheit verdaut ist, dann stellt sich schnell ein seelischer oder stimmungsgemäßer Zustand ein, der in keiner Weise den früheren Erwartungen entspricht. Diese Zeit ist geprägt durch eine merkbare Unsicherheit; man stochert so im Dunkeln herum und versucht sich zu orientieren, denn Freiheit macht einen bisher Unfreien einfach orientierungslos. Man geniert sich auch irgendwie vor sich selber und natürlich vor den anderen, denn noch nie fühlte man sich so unvorbereitet auf eine neue Umwelt, so naiv und ohne Kenntnisse der Gegebenheiten.«

Die Reorientierungsphase: Das Gefühl der Ernüchterung führt zu einer Neubewertung und einer realistischeren Wahrnehmung des neuen Lebensabschnitts. Unter Berücksichtigung seiner individuellen Rahmenbedingungen und Möglichkeiten überlegt der »gereifte« Ruheständler, wie er die dritte Altersphase sinnvoll gestalten kann.

Vielen erscheint die Zeit der Erwerbstätigkeit rückblickend in einem romantischen Licht, und sie denken voller

Wehmut an die »alten Zeiten«. Am zufriedensten sind diejenigen, die sich im Vorfeld bewusst Gedanken darüber gemacht haben, was auf sie zukommt. Sie entwickeln eine ausgewogene Alltagsroutine und schätzen ihre Ressourcen im Hinblick auf die Verwirklichung vorhandener Wünsche realistisch ein.

Der Wegfall des beruflichen Umfeldes wird nun eventuell durch ein verstärktes Engagement im familiären Umfeld (Betreuung der Enkelkinder, Pflege hilfsbedürftiger Personen), die Übernahme ehrenamtlicher Tätigkeiten oder die Erweiterung persönlicher Kompetenzen (Seniorenstudium) kompensiert.

Die Stabilitätsphase: Sind aus diesen Betätigungen tragfähige Handlungsmuster entstanden, kann der Betreffende sich in dem neuen Gefüge sicher bewegen und ist zudem in der Lage, Krankheiten, finanzielle Engpässe oder Partnerschaftsprobleme zu meistern, so ist die Stabilitätsphase erreicht. Manche Menschen erreichen diesen Zustand direkt nach der Euphoriephase, andere nie oder erst nach einer sehr mühsamen Zeit der Reorientierung und Neubewertung ihrer Lebenssituation.

Die Endphase: Die letzte Phase des Übergangsprozesses Beruf-Alter indiziert zugleich die vierte Altersphase. Mit der zunehmenden Abhängigkeit von anderen Menschen wird es immer schwieriger, die nach der Pensionierung neu geschaffenen Lebensstrukturen aufrechtzuerhalten (Verlust der Selbständigkeit). Der Mensch ist nun zunehmend hilfs- und pflegebedürftig.

KAPITEL 8

DER PROZESS DES ALTERNS
ALS POSITIVES ERLEBNIS

> Der Blick des Verstandes fängt an scharf zu werden, wenn der Blick der Augen an Schärfe verliert.
>
> *Platon, griechischer Philosoph*

Die Vorstellung, überraschend, also gewissermaßen über Nacht zu altern, entspricht nicht der Realität. Trotzdem haben viele Menschen das Gefühl, mit dem Ende ihres Erwerbslebens auf einmal alt zu sein. Tatsächlich beginnt der Alterungsprozess aber bereits mit dem Tag der Geburt. Etwa ab dem dreißigsten Lebensjahr setzt dann in einem kontinuierlichen, kaum merklichen Prozess die Veränderung der Körperfunktionen ein – pro Jahr verändern wir uns um etwa 0,5 bis 1,3 Prozent. Dabei ist es kein Unterschied, ob wir dreißig oder neunzig Jahre alt sind, das Tempo des Alterns bleibt gleich, wie Untersuchungen des US-amerikanischen Geriaters William H. Thomas ergeben haben.[81]

Die Weltgesundheitsorganisation WHO definiert die späteren Altersphasen so:[82]

- mittleres Alter: 35 bis 60 Jahre
- reifes Alter: 60 bis 75 Jahre
- fortgeschrittenes Alter: 75 bis 90 Jahre
- hohes Alter: über 90 Jahre

Während des Alterungsprozesses findet eine permanente Adaption des Menschen an seine sich sukzessive entwickelnden neuen Möglichkeiten und Fähigkeiten statt. Dies geschieht langsam, Schritt für Schritt. Es ist von den individuellen physischen wie psychischen Voraussetzungen und Lebensbedingungen abhängig, ab welchem Zeitpunkt bestimmte Einschränkungen wie Krankheit und körperlicher Verfall einsetzen. Dem unvermeidlichen Abbau der Körperfunktionen können Menschen im fortgeschrittenen Alter jedoch eine Menge positiver Entwicklungsmomente entgegensetzen, die einen Ausgleich zum Verlust der Jugend schaffen.

Ältere Menschen sind William H. Thomas[83] zufolge seltener depressiv und berichten von einem größeren Wohlbefinden als Jüngere. Die ausgeprägtere emotionale Stabilität lässt sich möglicherweise darauf zurückführen, dass Senioren ihre Gefühlsschwankungen besser ausgleichen können als jüngere Menschen. Auch vergrößert sich im Laufe des Lebens die Komplexität der emotionalen Wahrnehmung: In späteren Lebensabschnitten können wir differenzierter zwischen verschiedenen Gefühlszuständen unterscheiden.

Eine Untersuchung des schwedischen Forschers Lars Tonstam[84] bestätigt die These von der zunehmenden Zufriedenheit älterer Generationen. In Interviews mit Tonstam berichteten sowohl Männer als auch Frauen im Alter zwischen 52 und 79 Jahren von deutlichen Veränderungen im Hinblick auf die Selbstwahrnehmung und den Umgang mit sozialen Beziehungen. Die Befragten äußerten, die Selbstzentriertheit nehme ab, und es komme zu einer ganzheitlicheren Wahrnehmung des Lebens. Auch wachse das Interesse an einer Auseinandersetzung mit früheren Lebensphasen, insbesondere der Kindheit. Soziale Kontakte werden laut Tonstam sorgfältiger ausgewählt und bewusster wahrgenommen, und das Bedürfnis, Zeit allein zu verbringen, steigt. Das nachlassende Interesse an oberflächlichen Kontakten spiegelt sich auch in einer gewandelten Einstellung zu Geld und materiellen Werten wider: Das Streben nach Besitz weicht dem Bewusstsein, dass dieser verführen und unfrei machen kann. Der Wunsch, diese und andere Lebenserfahrungen an andere weiterzugeben, wächst ebenso wie das Interesse an der eigenen Herkunft und an Menschen, mit denen man in vergangenen Lebensphasen zu tun hatte.

In seinem wunderbaren Buch »ZEN-Geschichten für den Alltag« erzählt Richard McLean[85] eine überlieferte Geschichte, die uns anregt, das Thema Altern auf ganz andere Weise zu betrachten, als wir es gewöhnlich tun:

»›Wie lange währt eine Lebensspanne?‹, fragte der Meister.

›Siebzig Jahre‹, sagte einer.

›Bis man stirbt‹, meinte ein anderer.

›Stimmt beides nicht.‹

›Wie lange dauert eine Lebensspanne dann?‹, fragten die Schüler.

›Einen Atemzug‹, erwiderte der Meister.

›Wie ist das möglich?‹

›Weil der Mensch nur in jeweils einem Atemzug leben kann. Die Atemzüge von gestern sind Erinnerung, die von morgen reine Spekulation. Das einzige Leben, das ein Mensch erfahren kann, ereignet sich innerhalb eines Atemzugs.‹

›Und was sollen wir daraus lernen?‹, wollten die Schüler wissen.

›Achtet das Leben, das ihr habt, während ihr es habt. Lebt es. Seid achtsam in jedem Augenblick, solange er währt. Seid jetzt hier anwesend, anstatt ans Mittagessen zu denken. Spürt das Kissen unter euch, riecht das Räucherwerk und seht die Vase mit den Blumen.‹

›Und was ist mit den unangenehmen Zeiten?‹, fragte ein Schüler.

›Seid auch in ihnen lebendig. Sucht die guten Momente unter den weniger guten. Selbst wenn ihr Schmerz empfindet, lebt ihn.‹

›Das klingt ein wenig nach Hedonismus‹, bemerkte einer der älteren Schüler.

›Nein, mein Freund‹, erklärte der Meister und tat einen tiefen Atemzug. ›Das ist das Leben.‹«

Viele Menschen haben Probleme damit, das eigene Alter und die damit einhergehenden Veränderungen anzunehmen. Das subjektive Gefühl, auf einmal alt zu sein, ist eine Folge des jahrelangen Verdrängens von ersten Anzeichen des Alterungsprozesses. In der Werbung und in den Medien wird uns eine Gesellschaft vorgegaukelt, die überwiegend aus 25-Jährigen besteht, doch die Realität sieht ganz anders aus. In kaum zwanzig Jahren wird mehr als die Hälfte der Deutschen die Lebensmitte überschritten haben. Wir tun also gut daran, realistisch zu sein und uns genau zu überlegen, woran wir uns messen wollen. Der ewige Vergleich mit der Jugend hält einer objektiven Betrachtung nicht mehr stand, wir müssen uns sehen, wie wir sind. Es geht nicht um Nachsicht, Mitleid oder Toleranz, sondern vor allem um Akzeptanz. Sind wir in der Lage, unsere Situation wirklich anzunehmen, macht das Leben wieder mehr Spaß. Das gilt für den Einzelnen, aber auch für die Gesellschaft insgesamt.

Wenn wir lernen können, den Jugendwahn schrittweise abzulegen, wird es uns auch gelingen, das Schöne an unserer aktuellen Lebenssituation zu sehen, die Fähigkeiten und Einsichten, das Erleben und Fühlen, das Teilen und Bekommen; die ganze Selbstwahrnehmung verändert sich dadurch. Wir finden alte Häuser schön, alte Bäume, Antiquitäten und alte Gemälde. Warum können wir nicht unsere eigene Schönheit im Alter erkennen? Weil wir es nicht gelernt haben? Oder weil unsere Gesellschaft den falschen Werten hinterherhastet? Ändern können wir das nur selbst, in unserem persönlichen Umfeld und durch unser eigenes Handeln.

Für Politik und Gesellschaft ist es an der Zeit, sich von negativ besetzten Begriffen wie »Altersflut«, »Rentenlast« und »Methusalem-Komplott« zu verabschieden und statt dessen Bezeichnungen zu entwickeln, die positiv besetzt sind. Auch die »agilen Alten«, die »Golden Oldies« und »Best Agers« sind eher lächerliche Trugbilder denn hilfreiche Visionen. Wir scheinen geradezu dem Zwang zu unterliegen, alles mit peppigen, medienwirksamen Begriffen zu belegen, unter die wir schließlich Millionen von Menschen subsumieren. Keiner kann sich davon freisprechen, denn wir hören ja nun schon seit Jahrzehnten nichts anderes mehr.

Oft jedoch ist es auch eine Frage der subjektiven Bewertung, ob wir mit Bezeichnungen wie »Ruhestand« oder »Rentner« umgehen können. In diesem Zusammenhang taucht gern das Wort »Unruhestand« auf. Was finden wir denn so schlimm an der Ruhe? Ist Ruhe gleich Tod? Über weite Strecken unseres Lebens werden wir getrieben, verbringen ein Dasein voller Hektik. Kann es nicht auch eine wundervolle Erfahrung sein, in Ruhe zu leben und seinen Frieden mit der Welt zu machen? Die Souveränität des Alters besteht ja gerade darin, dass wir selbst entscheiden können, wie wir die Dinge tun wollen, dass wir die Fremdbestimmung abschütteln, die unseren Alltag in Beruf und Familie jahrzehntelang geprägt hat. Anstatt uns von anderen sagen zu lassen, wie wir leben sollen, finden wir das doch lieber selbst heraus. Genau darum geht es im zweiten Teil dieses Buches.

TEIL II

DIE DRITTE LEBENSPHASE AKTIV GESTALTEN

KAPITEL 9

AKUTPROGRAMM NACH DER PENSIONIERUNG

> Alter spielt sich im Kopf ab, nicht auf der Geburtsurkunde.
>
> *Martina Navratilova,*
> *amerikanische Tennisspielerin*

Der Übergang in die nachberufliche Zeit gleicht einem Sprung ins kalte Wasser. Damit Ihnen dieser auch gut bekommt und Sie anschließend in Ruhe und mit Freude weiterschwimmen können, empfiehlt es sich, zu Beginn ein kleines Akutprogramm durchzuführen. So läuft das eigene (und auch das gemeinsame) Leben nicht aus dem Ruder. Im Folgenden erhalten Sie einige konkrete Anregungen, aber denken Sie auch darüber hinaus einmal nach, was Sie jetzt brauchen könnten.

Gesundheitscheck

Nachdem der Knall der Sektkorken verklungen ist, scheint es angeraten, sich um etwas zu kümmern, das mit Sicherheit während der letzten Jahre des Berufslebens ein wenig vernachlässigt wurde: die eigene Gesundheit. Sie entscheidet ganz wesentlich mit darüber, wie die nächste Lebensphase verlaufen wird. Nutzen Sie die Gelegenheit, um einmal eine körperliche und seelische Bestandsaufnahme zu machen. Seien Sie dabei ehrlich zu sich selbst und machen Sie sich nichts vor. Je realistischer Sie die Situation einschätzen, desto besser können Sie sich darauf einstellen und Ihr Leben entsprechend gestalten. Wer gesundheitliche Risiken und Defizite ignoriert, stößt schnell an seine physischen Grenzen und ist später unter Umständen stärker eingeschränkt, als nötig wäre. Die Verantwortung für unser Wohlbefinden beginnt bei uns selbst und beim eigenen Körper, der eigenen Seele. Von diesen Ressourcen wollen wir noch lange zehren, also müssen wir auch etwas dafür tun. Dabei helfen verkrampfte, leistungsorientierte Fitnessquälereien ebenso wenig wie Angstdiäten oder eine dogmatische Lebenseinstellung.

Ein sinnvoller Anfang wäre ein ausführlicher Gesundheitscheck bei einem vertrauten Arzt. Dazu gehört nicht nur eine umfangreiche Bestimmung der Laborwerte, sondern auch ein ausführliches Gespräch über die neue Situation. Schieben Sie den Arztbesuch nicht aus Angst oder Bequemlichkeit auf, sondern verstehen Sie ihn als Chance, die körperlichen Voraussetzungen, die Sie ohnehin schon mitbringen, zu verbessern. Lassen Sie sich von kleinen Unregelmäßigkeiten bei den Laborwerten nicht irritieren, und vertrauen Sie auch auf Ihr subjektives Wohlgefühl. Seien Sie aber ehrlich zu Ihrem Arzt und verlangen Sie von ihm ebenfalls Offenheit. Hinweise auf eine ernste Krankheit sollten Sie nicht auf die leichte Schulter nehmen, »Alterszipperlein« hingegen werden wir alle tolerieren müssen.

Miteinander reden

»Hallo, jetzt bin ich wieder da…« – und zwar den ganzen Tag! Ihre Umgebung muss sich daran erst einmal gewöhnen. Vergessen Sie nicht, dass während der vielen Jahre, in denen Sie die meiste Zeit am Arbeitsplatz verbracht haben, Ihr Lebenspartner, Ihre Kinder und andere Mitmenschen ihren Platz im Zusammenleben nach eigenen Vorstellungen gestaltet haben. In diese »Reviere« dringen Sie ein, wenn Sie auf einmal täglich zu Hause sind. Die anderen können sich dadurch eingeschränkt oder sogar bevormundet fühlen, z. B. wenn es um Fragen der Haushaltsführung, gemeinsame Essenszeiten etc. geht.

Deswegen müssen Sie miteinander sprechen und sich über Ihre Erwartungen und Wünsche im Hinblick auf die neue Situation austauschen. Es wird ein Interessenabgleich stattfinden, was den einen oder anderen Konflikt mit sich bringen kann. Das ist in dieser Situation völlig normal. Versuchen Sie, Ihre Familie zu verstehen, und geben Sie sich und den anderen Beteiligten etwas Zeit, den eigenen Platz neu zu bestimmen.

Den eigenen Rhythmus wiederfinden

Während unseres Erwerbslebens orientieren wir uns im Tagesablauf an verschiedenen Strukturen, die sich vor allem aus unserem Beruf, aber auch aus familiären und gesellschaftlichen Anforderungen ergeben. Diese Strukturen verleihen unserem Leben einen Rhythmus, nach dem wir uns jahrzehntelang richten. Auch die Freizeit wird davon wesentlich mitgeprägt. Mit dem Übergang in die nachberufliche Zeit fällt ein großer Teil dieser strukturgebenden Einflüsse weg. Dies führt bei vielen Betroffenen zu einer gewissen Orientierungslosigkeit. Man weiß nicht so recht etwas mit der Zeit anzufangen, findet keinen eigenen Rhythmus, vermisst die klaren Vorgaben. Nehmen Sie sich etwas Zeit, um in Ihre neue Lebenssituation hineinzuwachsen. Sie können jetzt Schritt für Schritt entdecken, wie sich Ihr Leben heute darstellt. Sprechen Sie mit Ihrer Umgebung darüber, was Ihnen wichtig ist (z. B. gemeinsame Mahlzeiten, bestimmte Aktivitäten und Aufgaben) und entwickeln Sie ganz allmählich eine Struktur, die zu Ihrer neuen Lebensphase passt und in der Sie sich wohlfühlen. Sie sollten dabei nicht alles mit »früher« vergleichen, sondern wirklich danach gehen, was Ihnen heute wichtig ist. Dabei wird es auch eine Phase des Ausprobierens geben müssen, und nicht immer klappt alles auf Anhieb. Denken Sie daran, dass Sie vorher viele Jahre hatten, um sich an Ihren Lebensrhythmus während der Berufstätigkeit zu gewöhnen, und entsprechend geht die Umstellung nun auch nicht von einem Tag auf den anderen. Im Laufe der Zeit werden Sie feststellen, was Ihnen guttut und was nicht, und dann stellt sich auch wieder ein Gefühl von Stimmigkeit ein. Schließlich haben Sie Ihren eigenen Rhythmus gefunden. Ihn zu halten und gleichzeitig immer wieder an neue Gegebenheiten anzupassen, kann eine lebenslange Aufgabe sein.

Sich Ziele setzen

Für viele von uns ist sicher das Schönste am Dasein als Rentner, dass wir nicht ständig nach Zielvorgaben arbeiten und leben müssen, sondern nun die Gelegenheit haben, uns auch einmal »ziellos« treiben zu lassen. Das kann eine sehr schöne Lebensphilosophie sein. Ziellos ist ja auch nicht mit »sinnlos« gleichzusetzen, ganz im Gegenteil: Es kann ein Ergebnis der eigenen Wertvorstellungen sein, sich bewusst keine Ziele zu setzen, sondern sich dem Fluss des Lebens anzuvertrauen. Auf der anderen Seite geben Ziele dem Menschen auch die Möglichkeit, etwas zu erreichen, und verschaffen ihm Antrieb und Motivation. Erreichte Ziele sind gute Möglichkeiten, um Erfolge zu erleben. Das wird gerade dann wichtig, wenn die bisherige Bestätigung durch das berufliche Umfeld ausbleibt. Hinzu kommt, dass die Ziele, die wir während unseres Berufslebens verfolgt haben, oftmals nicht unbedingt unsere eigenen waren. Seien wir doch einmal ehrlich: Welche Ziele haben wir uns wirklich selbst gesetzt, und welche Vorgaben wurden von außen an uns herangetragen?

Nicht jeder fühlt sich durch das Streben nach Zielen gleichermaßen motiviert; manch einem entspricht es mehr, die Dinge auf sich zukommen zu lassen. Wer im Job allerdings gewohnt war, sehr zielorientiert und strukturiert vorzugehen, kann in ein Loch fallen, wenn er sich nun nicht selbst neue Ziele setzt. Dabei brauchen es keine großen Projekte zu sein, auch kleine Vorgaben genügen für eine erste Orientierung.

Ein sinnvolles Ziel zeichnet sich aus durch folgende Eigenschaften: Es ist konkret (d.h. nicht zu allgemein), realistisch (also erreichbar) und terminiert auf einen konkreten Zeitpunkt (und nicht etwa auf eine unbestimmte Zukunft). Welche Ziele sind für Sie jetzt interessant?

Selbstwertgefühl entwickeln

Ein überaus sensibler Punkt im neuen Leben als Privatier ist der Wegfall der beruflichen Belohnungssysteme. Das Prinzip Anforderung – Leistung – Belohnung lässt sich auf das nachberufliche Leben und die Familie nicht so einfach übertragen. Das macht die Sache schwierig, denn wir sind den größten Teil unseres Lebens auf dieses Prinzip konditioniert worden und haben bisher einen nicht unwesentlichen Teil unseres Selbstwertgefühls aus dem beruflichen Erfolg bezogen. Nach der Pensionierung besteht die Möglichkeit, sich von dieser Fremdbestimmung zu befreien und die persönliche Wertigkeit mehr an den eigenen Maßstäben auszurichten. Jetzt zählt wieder der Mensch und nicht die Leistung! Was so einfach klingt, ist allerdings schwer umzusetzen. Schauen Sie sich einmal um und achten Sie dabei nicht auf die Dinge, die Sie nicht haben, sondern lernen Sie das zu schätzen, was da ist. Das gilt auch für Ihre eigene Person: Entdecken Sie neue Seiten an sich oder spüren Sie Dinge auf, die Sie vorher nicht ausleben konnten. Vielleicht schlummern in Ihnen Talente, die bisher nicht abgefragt wurden und die Ihnen nun neue Impulse geben können.

Entscheidend ist bei all dem, dass wir uns in unserem Selbstwertgefühl nicht von äußeren Faktoren wie Status und Anerkennung durch andere abhängig machen, sondern nach innen schauen. Wir können lernen, uns selbst zu genügen und wertzuschätzen. Wenn das gelingt, sind wir auch wieder in der Lage, selbstbewusster und offener auf andere zuzugehen.

Ein soziales Umfeld aufbauen

Eine wichtige Voraussetzung für ein erfülltes und glückliches Leben, aber auch für die Bewältigung von Problemen ist ein stabiles soziales Umfeld. Wer sich nicht schon vorher darum bemüht hat, bekommt das nach dem Berufsaustritt bitter zu spüren: Nicht wenige Ex-Manager, Unternehmer und andere stehen nach einer glanzvollen Karriere privat vor einem Scherbenhaufen. Nun gilt es, die Scherben aufzusammeln und das eigene Leben wieder zusammenzusetzen. Das birgt auch die Chance, neue Freundschaften zu entdecken und alte Beziehungen wieder zu beleben. Aber erwarten Sie nicht zu viel: Freundschaft braucht Zeit, und soziale Netzwerke leben vom gegenseitigen Geben und Nehmen. Also denken wir zunächst einmal mehr an das Geben, dann kommt von ganz allein zum richtigen Zeitpunkt wieder etwas zurück. Sie werden auch feststellen, dass man Sie nicht vergessen hat und froh ist, Sie wieder »dabei« zu haben, nachdem Sie so lange verschollen waren. Allerdings hat nicht jeder auf Sie gewartet. Das ist halt so im Leben. Insofern kann der Ruhestand in vielerlei Hinsicht ein Neuanfang sein.

Neue Herausforderungen suchen

Der Mensch braucht, um gesund und zufrieden zu sein, eine Aufgabe, die ihn in angemessener Weise fordert. Fehlt eine solche Herausforderung oder sind die Anforderungen zu komplex, geraten wir unter Stress. Je länger dieser Zustand anhält, desto eher kann sich daraus ein chronischer Stresszustand entwickeln, der krank macht. Nach einem Berufsleben, das uns oft an den Rand unserer Leistungsfähigkeit geführt hat, fehlt es uns nun allerdings nicht selten an Herausforderungen, und es ist an uns selbst, dieses Vakuum mit neuen Aufgaben zu füllen.

Ein allgemeingültiges Rezept gibt es hierfür nicht, zu unterschiedlich sind unsere Lebensbedingungen und Wertvorstellungen.

Doch ist es sicher falsch, jetzt aus Verlegenheit in einen Aktionismus zu verfallen, der uns von einer Aktivität zur nächsten hetzt. Im Laufe der Zeit werden wir Möglichkeiten finden, unsere Fähigkeiten sinnvoll einzusetzen – zu unserem eigenen Wohl und zum Wohle anderer. Dabei können wir auch ganz andere als die gewohnten Aufgabenfelder in den Blick nehmen. Finden wir eine Plattform, auf der wir uns einbringen können, relativieren sich viele negative Begleiterscheinungen der Pensionierung, und aus dem vermeintlichen »Ruhestand« wird eine aktive und erfüllte Zeit, die wir glücklich und zufrieden erleben können.

Den Umgang mit Zeit neu definieren

Zeit ist und bleibt ein zentrales Gut in unserem Leben, das ändert sich auch im Alter nicht. Nur müssen wir jetzt lernen, anders mit ihr umzugehen. Während wir früher im Wesentlichen den Zeitanforderungen unserer Umgebung entsprochen haben (in der Schule, bei der Arbeit, in der Familie), können wir jetzt mehr in »Eigenzeit«, in unserem ureigenen persönlichen Rhythmus leben. Dies ist eine der schönsten und wertvollsten Erfahrungen der nachberuflichen Lebensphase. Andererseits beeinflusst das Älterwerden auch die Geschwindigkeit, mit der tägliche Routinen wie Morgentoilette, Hausarbeit oder Einkäufe vonstattengehen. Mit der Zeit dauert alles etwas länger, und Dinge, die früher nebenbei erledigt wurden, bereiten uns jetzt mehr Mühe.

Finden Sie selbst heraus, was Ihnen wichtig ist, womit Sie Ihre Zeit verbringen wollen und welche Geschwindigkeit am besten zu Ihnen passt. Entdecken Sie, wie schön es sein kann, etwas, das man immer nur schnell und nebenbei abgehandelt hat (wie z. B. das Essen), nun in aller Ruhe und ganz bewusst zu tun. Lernen Sie, ein neues Zeitgefühl zu entwickeln, das zu ihrer aktuellen Lebenssituation passt.

KAPITEL 10

GANZHEITLICHE LEBENSGESTALTUNG – DIE REISE ZU SICH SELBST

> Nicht die Jahre in unserem Leben zählen,
> sondern das Leben in unseren Jahren.
> *Adlai Stevenson, amerikanischer Politiker*

Die Veränderungen, die der Übergang in die dritte Altersphase in allen Lebensbereichen mit sich bringt, sind – wie wir gesehen haben – erheblich. Da sich die meisten Menschen in der zweiten Altersphase aber in erster Linie auf den Beruf und die Versorgung ihrer Familie konzentrieren, sind sie oft überfordert, wenn sie auf einmal die vielfältigen Herausforderungen bewältigen sollen, die sich mit dem Ende der Berufstätigkeit ergeben. Wer langfristig zufrieden und glücklich sein will, muss sich ganzheitlich mit seinem Leben auseinandersetzen. Dies gilt auch und gerade für die nachberufliche Zeit.

Übung: »Meine Motivation für eine ganzheitliche Lebensgestaltung«
   Nehmen Sie sich einmal einen Augenblick Zeit für die folgenden Fragen:

- Warum beschäftige ich mich mit ganzheitlicher Lebensgestaltung?
- Was erhoffe ich mir von der Auseinandersetzung mit dem Thema?
- Bin ich bereit, in meinem Leben einiges zu ändern, auch wenn es vielleicht anstrengend wird?
- Bin ich notfalls bereit, Konflikte in Kauf zu nehmen?
- Habe ich Lust und Interesse, mich selbst besser kennen zu lernen?
- Bin ich auch für ungewöhnliche Dinge offen und bereit, mich auf Neues einzulassen?

Wenn Sie diese Fragen für sich positiv beantworten können, haben Sie schon einen entscheidenden Schritt getan und sind bereit für die spannende Reise, von der Sie wahrscheinlich nicht wieder zurückkehren wollen.

Was bedeutet ganzheitliche Lebensgestaltung?

Unser Leben besteht nicht nur aus Arbeit. Wenn wir genauer hinsehen, können wir fünf verschiedene Säulen ausmachen, auf denen unser Lebenskonstrukt steht: Partnerschaft und Familie, Arbeit und Beruf, Freizeit und Freunde, Körper und Gesundheit, Glaube und Spiritualität. Unter ganzheitlicher Lebensgestaltung wird ein Lebensstil verstanden, der alle Lebensbereiche berücksichtigt und eine Balance zwischen ihnen herstellt. Das beinhaltet z. B. ein bewusstes Ausleben und Genießen derjenigen Lebensbereiche, die sich positiv gestalten, aber auch das aktive Wahrnehmen und Verändern jener Bereiche, die uns

Probleme bereiten. Dazu gehört zum einen das Erkennen und Interpretieren von Disbalancen, aber auch das Entwickeln von Handlungsoptionen, um die Balance wiederherzustellen. Zusätzlich geht es darum, eine innere Einstellung zu entwickeln, die verhindert, dass »Schäden« in größerem Ausmaß überhaupt erst entstehen können.

Im Laufe unseres Lebens müssen wir uns immer wieder bewusst entscheiden: eine erfolgreiche Karriere, Zeit für Familie und Freunde, die perfekte Partnerschaft, körperliche Fitness, geistige Weiterentwicklung – alles auf einmal ist in der Regel nicht möglich. Wir sind gezwungen, Kompromisse zu machen und Prioritäten zu setzen. Eine Entscheidung für eine bestimmte Option in einem Bereich hat auch immer ihren Preis in einem anderen Bereich. Um die Weichen für unser gegenwärtiges und unser zukünftiges Leben richtig stellen zu können, müssen wir unsere eigenen Werte und Ziele kennen. Darin besteht eine zentrale Aufgabe des ganzheitlichen Lebensstils.

Tatsächlich sind viele von uns nicht wirklich Steuermann ihres Lebens. Das Gefühl für Richtig und Falsch, die Fähigkeit, Herausforderungen anzunehmen und gezielt Entscheidungen zu treffen, das Wissen um unsere Wünsche und die Kraft, uns zur richtigen Zeit für deren Verwirklichung einzusetzen – all dies ist uns mehr oder weniger abhandengekommen. Vielleicht gelingt bzw. gelang es noch im beruflichen Umfeld – dort oft sogar gut. Aber spätestens in den eigenen vier Wänden gelten andere Spielregeln, die wir zwar verstehen, oft jedoch nicht (oder nicht mehr) leben können. Und das wird vielfach nicht erst mit der Pensionierung offenbar.

Anstatt einer inneren Stimme zu folgen, reagieren wir

in erster Linie auf Reize und Anforderungen, die von außen an uns herangetragen werden. Und kommen nicht mehr hinterher, weil es kein Ende zu geben scheint. Dabei liegt die Lösung des Problems in uns selbst. Tief in unserem Inneren wissen wir genau, worauf es ankommt, was wir wollen und schätzen und wie wir uns unser Leben vorstellen. Das ist ja der Grund für unsere Unzufriedenheit, für den Wunsch nach Veränderung: Wir spüren, dass der Lauf der Dinge nicht unseren Vorstellungen entspricht, aber gleichzeitig fühlen wir uns machtlos, ausgeliefert, müde und desillusioniert. Wir wünschen uns Sinn und Orientierung. Und können all dies doch nur in uns selbst finden, hinter der Fassade, hinter den Mauern, die wir im Lauf der Jahrzehnte um unseren inneren Kern errichtet haben.

Es geht also zunächst darum, unsere innere Stimme wiederzuentdecken und das Vertrauen in unsere Intuition – die ja auf unserer ureigenen Lebenserfahrung basiert – zu mobilisieren. Des Weiteren ist es hilfreich, ein Bewusstsein für die verschiedenen Lebensbereiche zu entwickeln und zu verstehen, wie diese sich gegenseitig beeinflussen. Am Anfang einer neuen Altersphase kann es auch sinnvoll sein, neue Ziele zu formulieren und sich Fähigkeiten anzueignen, die bei deren Umsetzung und beim Umgang mit Problemen hilfreich sind. Dringend brauchen wir in Umbruchsituationen auch Ruhe und geschützte Zonen, wo wir auftanken und Kräfte sammeln können.

Letztlich handelt es sich bei der ganzheitlichen Lebensgestaltung also um eine Reise, die an ein ganz bestimmtes Ziel führt – zu uns selbst. Und wie alle Menschen, die aus Leidenschaft reisen, werden wir irgendwann verstehen: Es geht nicht um das Ziel, sondern um die Reise an sich.

Grenzen der ganzheitlichen Lebensgestaltung

Ganzheitliche Lebensgestaltung konzentriert sich vor allem auf die Wahrnehmung der fünf verschiedenen Lebensbereiche und den Ausgleich entstandener Disbalancen. Dies geschieht vor dem Hintergrund unserer individuellen Ausgangssituation, unserer ganz persönlichen Werte, Ziele, Bedürfnisse und Prioritäten, und ist ein kontinuierlicher, lebenslanger Prozess. Bei dem Bemühen, ein Gleichgewicht herzustellen, stoßen wir immer wieder an Grenzen oder treffen auf Hindernisse, die wir manchmal nicht allein überwinden können. Sind wir in eine solche Situation geraten, stehen uns verschiedene Möglichkeiten offen.

Zunächst können wir natürlich mit Personen unseres Vertrauens über unsere Schwierigkeiten sprechen. Haben die Probleme sich aber erst einmal so verfestigt, dass wir sie selbst nicht lösen können, dann sind auch gute Freunde oftmals überfordert. Denn das Entscheidende ist nicht, dass wir uns mitteilen oder austauschen, sondern dass in der Folge auch gemeinsam ein Lösungsweg erarbeitet wird und dass wir auf diesem zuweilen recht steinigen Weg über einen längeren Zeitraum begleitet werden.

Eine derart umfassende Unterstützung können uns z. B. professionelle Coachs oder Psychotherapeuten geben. Die Entscheidung, ob die Situation eher mit Hilfe eines Coachings oder einer Psychotherapie zu bewältigen ist, hängt von vielen Faktoren ab, die teils sehr persönlicher Natur sind. Grundsätzlich können wir davon ausgehen, dass viele Probleme im beruflichen oder privaten Bereich durch ein gutes Coaching angemessen aufgearbeitet werden können.

Die Grenzen des Coachings sind dann erreicht, wenn die Ursachen für die akuten Probleme tief in der Persönlichkeit oder in der Lebensgeschichte des Betroffenen verankert sind, die Bewältigung dieser Herausforderung also voraussichtlich längere Zeit in Anspruch nehmen wird und kontinuierliche Arbeit im Rahmen einer speziellen Therapie (z. B. Gesprächstherapie oder Psychoanalyse) erfordert, die nur von ausgebildeten Psychotherapeuten geleistet werden kann. Dazu zählen z. B. persönliche Schicksalsschläge wie etwa der Verlust eines geliebten Menschen, schwere Krankheiten oder Unfälle und manifeste pathologische Konflikte oder Ängste. Informieren Sie sich über die verschiedenen Möglichkeiten und vereinbaren Sie unverbindliche erste Informationsgespräche, um eine angemessene Lösung für Ihre Situation zu finden.

Vielleicht Sind Sie aber auch ein Mensch, für den der Glaube eine große Rolle spielt. Dann stehen Ihnen zusätzlich vielfältige spirituelle Möglichkeiten zur Problembewältigung offen. Auch hier jedoch ist eine entsprechende Begleitung wichtig, da wir bei ernsthaften Schwierigkeiten, die sich seelisch auswirken, selten mit einer kurzfristigen Klärung rechnen können.

In jedem Fall sollten Sie sich Zeit für die Auseinandersetzung nehmen, um eine tragfähige, dauerhafte Lösung zu finden.

KAPITEL 11

DIE FÜNF LEBENSBEREICHE – KONTINENTE UNSERES LEBENS

> Der Wert des Weltalls liegt im kleinsten Punkt.
>
> *Ralph Waldo Emerson,*
> *amerikanischer Dichter und Philosoph*

Auf den ersten Blick nehmen wir unser Leben als ein großes Gebilde wahr, das aus einer Vielzahl von Details besteht, die mehr oder weniger dynamisch zusammenwirken oder auch nebeneinander existieren. Aus einem gewissen Abstand können wir eine Struktur ausmachen, die uns an die Kontinente unserer Erde erinnern mag, wie wir sie vom Weltall aus sehen. Wenn man so will, entsprechen die fünf Kontinente unseren verschiedenen Lebensbereichen[86]:

- Arbeit und Beruf (jetzt: nachberufliches Engagement)
- Partnerschaft und Familie
- Körper und Gesundheit
- Freizeit und Freunde
- Glaube und Spiritualität

Die fünf Lebensbereiche

In all diesen Bereichen finden am Übergang zur dritten Altersphase Veränderungen statt. So müssen wir uns z. B. fragen, ob und wenn ja, wie der Bereich Arbeit und Beruf künftig ausgefüllt werden soll bzw. was an seine Stelle treten könnte. Ferner müssen wir uns damit beschäftigen, welche Folgen die neue Situation für unsere Partnerschaft hat, wie wir künftig gesund bleiben und mit wem wir unsere Freizeit verbringen wollen. Wenn wir vorhaben, unser Leben fortan bewusster zu gestalten, reicht es also nicht, sich nur um die Gesundheit zu kümmern oder einfach mehr Zeit mit der Familie zu verbringen (auch wenn das schon einen Fortschritt darstellt), sondern wir müssen auch ein Gefühl dafür entwickeln, wer wir sind, was wir wollen und worin der Sinn unseres Lebens besteht.

Dass dies alles nicht im Handumdrehen verwirklicht werden kann, versteht sich von selbst. Wenn wir aber lernen, unser Leben ganzheitlicher zu betrachten und uns im

Laufe der Jahre immer wieder um die verschiedenen Lebensbereiche kümmern – je nachdem, wo gerade Bedarf besteht –, können wir insgesamt doch so etwas wie Ausgewogenheit erreichen. Allerdings ist klar, dass es hier keine allgemeingültigen Patentlösungen geben kann, sondern dass es sich um einen höchst individuellen Prozess handelt. Jeder Mensch hat eigene Anforderungen im Leben, die es zu bewältigen gilt, deshalb muss auch jeder auf ihn persönlich zugeschnittene Lösungen finden. Aber es kann helfen, wenn wir erkennen, dass wir mit dem Problem nicht allein dastehen und von den Gedanken, Ideen und Werkzeugen profitieren können, die andere im Laufe dieses Erkenntnisprozesses entwickelt haben.

KAPITEL 12

DER LEBENSKOMPASS – ORIENTIERUNG DURCH BEWUSSTSEIN

> Nachdem wir das Ziel endgültig
> aus den Augen verloren hatten,
> verdoppelten wir unsere Anstrengungen.
> *Mark Twain, amerikanischer Schriftsteller*

Wir können uns das Prinzip der ganzheitlichen Lebensgestaltung gut vorstellen, wenn wir an einen Kompass denken. So wie wir uns auf einer richtigen Reise in einem unbekannten Gebiet mit einem klassischen Kompass orientieren können, hilft uns die Unterteilung in verschiedene Bereiche, uns in unserem Leben zu orientieren und die Reise zu uns selbst zu bewältigen. Unser Kompass im Lebensgestaltungsprozess hat allerdings fünf statt der bekannten vier Himmelsrichtungen.

Bei einer Wanderung ist es unmöglich, gleichzeitig in mehrere Himmelsrichtungen zu gehen. Wir können höchstens im Zickzack laufen oder uns im Kreis bewegen. Ebenso wird es beim Balanceprozess nicht möglich sein, alle Aufgaben aus den verschiedenen Lebensbereichen gleichzeitig zu bewältigen. Je nach Notwendigkeit wird sich die Kompassnadel mal auf den einen, dann wieder auf einen anderen Lebensbereich richten und uns deutlich machen, wo etwas zu tun ist. Sie weist also nicht wie die echte Kompassnadel immer nach Norden, sondern zeigt uns jeweils die Lebensbereiche an, um die wir uns vorrangig kümmern müssen. Manchmal allerdings ist es nicht so einfach, dann brennt es an mehreren Stellen, und die Nadel springt wild hin und her, als befände man sich mit einem echten Kompass direkt am Nordpol. Dann müssen wir die Problemlage sorgfältig analysieren und Prioritäten setzen, um der Komplexität der Situation gerecht zu werden.

Stellen Sie sich einmal vor, Sie hätten einen solchen Lebenskompass im Kopf. Wäre das nicht toll? Immer wenn

Sie Gefahr liefen, einen Lebensbereich dauerhaft zu vernachlässigen, würde die Nadel automatisch in diese Richtung zeigen und dadurch signalisieren: »Kümmere dich!«, »Tu etwas!«, oder auch: »Lass los!«, »Tu das jetzt nicht!«

Nun, so abwegig ist diese Vorstellung gar nicht. Denn wenn Sie sich intensiv mit dem Prozess der ganzheitlichen Lebensgestaltung beschäftigt und die wichtigsten Aspekte verinnerlicht haben, ist Ihr innerer Kompass eigentlich schon fertig. Sie müssen jetzt nur noch lernen, ihn zu benutzen. Und das heißt in diesem Fall: Ihr derzeitiges Leben ganz genau betrachten, wie ein aufmerksamer Führer, der den Weg auskundschaftet, nach Gefahren Ausschau hält und dabei stets die Gesamtsituation im Auge behält. Ausschau halten kann auch bedeuten, den Blick nach innen zu richten, in sich hineinzuhorchen. Denn dort im Verborgenen liegen die wahren Landschaften unseres Lebens. Hören wir also auf unsere innere Stimme, beachten wir die Signale unserer Seele und unseres Körpers, dann spüren wir, wohin der Kompass unseres Lebens weist.

Übung: »Wohin zeigt mein Lebenskompass?«

Setzen Sie sich an einem ruhigen Ort entspannt hin, schließen Sie die Augen und schauen aus der Distanz auf Ihre Lebensbereiche, wie ein Vogel, der von hoch oben auf die Erde blickt. Fühlen Sie in sich hinein und finden Sie heraus, in welche Richtung Ihre Kompassnadel gerade zeigt.

- Gibt es ein deutliches, klares Bild?
- Ist die Nadel eher unentschieden, der Kompass wie von innen beschlagen und die Sicht beeinträchtigt?
- Springt die Nadel wild umher oder dreht sich im Kreis?

Wichtig: Eine Kompassnadel zeigt immer eine Richtung an, auch wenn der Impuls schwach ist. Manchmal braucht sie etwas Zeit, um sich einzupendeln. In anderen Fällen kann sie auch durch ein Magnetfeld gestört sein und weist in die eine Richtung, obwohl sie in eine andere zeigen müsste. Finden Sie heraus, von wo der Impuls wirklich kommt und ob es störende Magnetfelder gibt, welche die Aufmerksamkeit auf sich und von der wahren Richtung ablenken wollen.

KAPITEL 13

DIE LEBENSKARTE –
LANDKARTE MEINER GESCHICHTE

> Wir sehnen uns nicht nach bestimmten Plätzen zurück, sondern nach den Gefühlen, die sie in uns auslösen.
> *Sigmund Graff, Schriftsteller*

Wenn wir einen strukturierten Blick auf unser Leben werfen wollen, ist es sinnvoll, uns zunächst zu vergegenwärtigen, in welcher Lebensphase wir uns gerade befinden und wie sie sich für uns persönlich konkret gestaltet. Wenn wir auf diese Weise unsere »Position« bestimmt haben, können wir uns die Vergangenheit anschauen und herausfinden, wie sie unsere Gegenwart beeinflusst. Als Nächstes richten wir dann den Blick auf die kommenden Lebensphasen und überlegen, was wir tun müssen, um unsere Ziele für die Zukunft erreichbar zu machen.

Eine sehr persönliche und zugleich wirkungsvolle Methode, um sich die Beziehungen zwischen Gegenwart, Vergangenheit und Zukunft zu verdeutlichen, ist das Anfertigen einer Lebenskarte. Mit Hilfe von Gestaltungstechniken werden die einzelnen Lebensphasen visuell dargestellt und

Beziehungsfelder aufgezeigt. Diese Methode ist deswegen so interessant und aufschlussreich, weil sie die rechte Hirnhälfte aktiviert, in der unser visuelles und räumliches Denken, aber auch unsere Erinnerung gespeichert ist. Dadurch werden auch unbewusste Aspekte in die Betrachtung integriert, und wir erhalten einen umfassenden Zugang zu unserer Wahrnehmung des eigenen Lebens.

Übung: »Landkarte meines Lebens«

Für diese Übung benötigen Sie mindestens eine Stunde Zeit, gern auch mehr. Nehmen Sie sechs DIN-A4-Blätter (ein Blatt für jeden Lebensabschnitt, z. B. Kindheit: 1 Blatt, Erwachsener: 3 Blätter, Ruhestand: 1 Blatt, hohes Alter: 1 Blatt) und kleben Sie diese zu einer langen Bahn zusammen. Teilen Sie die einzelnen Blätter nun optisch durch gestrichelte vertikale Linien nach den Lebensphasen auf und schreiben Sie gut sichtbar oben drüber die Bezeichnung der jeweiligen Lebensphase. Des Weiteren benötigen Sie kräftige Filzstifte (z. B. Marker) und andere Malutensilien (Pinsel, Deckfarben etc.) in möglichst vielen verschiedenen Farben.

- Beginnen Sie am besten mit der aktuellen Lebensphase und malen Sie in den entsprechenden Abschnitt alles hinein, was Ihnen im Moment wichtig erscheint, auch sich selbst. Bedenken Sie dabei alle relevanten Aspekte Ihres Lebens: die Menschen (und Tiere), Ereignisse und Dinge, die Ihnen etwas bedeuten. Drücken Sie durch Ihre Zeichnungen aus, wie sich die aktuelle Situation gestaltet, welche Probleme Sie haben, was es Schönes gibt, was gerade geschieht. Denken Sie auch an Werte und Ziele.

- Wenn Sie die aktuelle Lebensphase gestaltet haben, wenden Sie sich der Vergangenheit zu und verfahren dort ebenso.
- Schließlich gestalten Sie die zukünftigen Lebensabschnitte: Welche Vorstellung haben Sie von Ihrer Zukunft? Welche Ziele verfolgen Sie? Was wird wichtig sein, was an Bedeutung verlieren?

Sie brauchen Ihre Lebenskarte nicht sofort fertig zu malen, sondern können später noch Elemente hinzufügen oder verändern.

Tipps zur Gestaltung:
Malen Sie die positiven Elemente gelb, die belastenden schwarz, die emotionalen rot, die neutralen weiß, die rationalen blau und die kreativen grün. Mischen Sie Farben, um auszudrücken, dass etwas zu mehreren Kategorien gehört.

Denken Sie sich Symbole aus, z. B. Smileys oder Strichmännchen für Menschen, einen Schreibtisch oder eine Maschine für die Arbeit, eine Uhr, Telefone, Tennisschläger, Klavier usw.

Stellen Sie wichtige und einflussreiche Dinge groß, weniger wichtige Dinge klein dar.

Positionieren Sie die Elemente auf dem Bild zueinander und stellen Sie Verbindungen her.

Ergänzen Sie Ihre Symbole gut lesbar mit Stichworten (keine längeren Texte).

Verwenden Sie verschiedene Linienarten und -stärken, benutzen Sie Muster für Flächen, um mehrere Elemente einer Gruppe zu unterscheiden.

Wenn Sie Ihre Lebenskarte fertiggestellt haben, machen Sie eine Pause und versuchen, etwas Abstand zu gewinnen. Nach der Pause schauen Sie sich die Landkarte Ihres Lebens wie ein neutraler Betrachter an:

- Was fällt besonders ins Auge?
- Wo gibt es interessante Verbindungen?
- Wo scheinen Widersprüche auf?
- Welche Stimmung drückt die Karte aus?
- Wodurch unterscheidet sich diese Betrachtungsweise vom »normalen« Nachdenken über Ihr Leben?
- Wie fühlen Sie sich mit dieser Karte?

Tauschen Sie sich mit anderen Menschen über Ihre Lebenskarte aus und schauen sich deren Karten an. Beantworten Sie dazu die gleichen Fragen und diskutieren Sie darüber.

KAPITEL 14

DIE ENERGIEBALANCE – MIT DEN EIGENEN VORRÄTEN HAUSHALTEN

> Meiner Idee nach ist Energie die erste und einzige Tugend des Menschen.
> *Wilhelm von Humboldt, deutscher Philosoph, Sprachforscher und Staatsmann*

»Mein Tank ist total leer.« Kommt Ihnen dieser Satz bekannt vor? Haben Sie sich selbst schon öfters so gefühlt? Für die lange Reise des Lebens brauchen wir Ressourcen, wobei wir jeden Tag Energie gewinnen und verbrauchen, nicht nur körperlich, auch seelisch und geistig.

Stellen wir uns einmal vor, in unserem Inneren befände sich ein Energietank[87], und wir müssten mit dem Inhalt wirtschaften. Unser innerer Tank bestünde jedoch nicht aus einer, sondern aus fünf Kammern, je eine pro Lebensbereich. Wir können uns vorstellen, dass die Kammern durch kleine Löcher miteinander verbunden wären und dass jede Kammer außerdem Zuflüsse und Abflussventile hätte. Die Kammern hätten also jede einen eigenen Pegel, beeinflussten sich aber auch gegenseitig. Käme es in einer Kammer zu einem Niedrigstand, liefe durch die Löcher in der Wand aus den anderen Kammern Energie in die leere Kammer und würde diese bis zu einem gewissen Pegelstand wieder auffüllen. Dadurch würden die anderen Kammern natürlich ein bisschen leerer. Genau umgekehrt verhielte es sich, wenn in einer Kammer der Energiestand sehr hoch wäre: Die überschüssige Energie könnte in andere Kammern mit niedrigerem Pegel fließen. Genau wie ein echter Tank wären unsere Energiekammern also nicht immer gleich voll, denn es gibt Dinge, die Kraft spenden, und andere, die sie wieder verbrauchen:

- Zu den Energielieferanten zählen z. B. Liebe und Bestätigung, Erfolg, Entspannung, Bewegung, positive soziale Kontakte, Lust und Freude.
- Stress und Misserfolg, Ablehnung und Frustration, Krankheit und Überforderung dagegen rauben uns Energie.

Natürlich gehören alle diese Dinge zu unserem Leben, und wir können die Energieräuber nicht einfach wegzaubern. Aber wenn wir lernen, mit unserer Energie besser hauszuhalten, die Verluste besser zu steuern und für ausreichend Zufluss von positiver Energie zu sorgen, können wir die Herausforderungen des Lebens leichter bewältigen.

Die Kunst liegt nun darin, in jedem Lebensbereich für einen möglichst großen Zuwachs an positiver Energie zu sorgen und die negativen Einflüsse zu minimieren.

Die einzelnen Lebensbereiche spenden und verbrauchen unterschiedlich viel Energie. Zufluss und Abfluss halten sich nicht immer die Waage, und so werden einige Energiekammern voller sein, andere leerer. Dramatisch wird es allerdings, wenn der Energiepegel in einem Lebensbereich zu weit absinkt. Dann zieht dieser von den anderen Lebensbereichen Energie ab, so dass auch dort mehr Energie verloren geht, als zugeführt wird. Hält so ein Zustand über längere Zeit an, ohne dass wir etwas dagegen unternehmen, kann es zum Zusammenbruch eines oder mehrerer Lebensbereiche kommen: Wir erleben eine ernsthafte Krise.

Jahrelange berufliche Über- oder Unterforderung kann z. B. zu chronischen Erkrankungen führen, die wiederum andere Lebensbereiche beeinträchtigen und Auslöser für Arbeitsplatzverlust, Trennung oder lebensbedrohliche Gesundheitszustände sein können. Wer in einer dauerhaften Ehekrise lebt, wird Leistungseinbußen bei der Arbeit feststellen, die Lebensfreude wird nachlassen und die Psyche, nicht selten auch die Gesundheit leidet. Aber auch Schicksalsschläge, der plötzliche Verlust eines geliebten Menschen oder die drastische Veränderung der Lebensumstände, können uns in eine tiefe Krise stürzen. Nicht zuletzt kann das Leben auch aus den Fugen geraten, wenn ein Mensch sich auf übertriebene, ungesunde Weise in spirituelle Sphären hineinsteigert und dadurch einen Realitätsverlust erleidet.

Da wir den Problemen des Alltags nun nicht immer aus dem Weg gehen können und die Herausforderungen, die sich uns im Leben stellen, annehmen müssen, ist es wichtig, dass unsere Energiebalance stimmt. Wenn wir übermäßige Verluste in einem Bereich erleiden, sollten wir uns einerseits natürlich so früh wie möglich darum kümmern, die dort anstehenden Probleme zu bewältigen. Gleichzeitig aber sollten wir auch in den anderen Lebensbereichen weiterhin für einen guten Vorrat an Energie sorgen, damit diese vorübergehend das entstandene Defizit ausgleichen können, ohne selbst Schaden zu nehmen. So lässt sich beispielsweise ein Arbeitsplatzverlust oder eine chronische Krankheit viel besser bewältigen, wenn unser soziales Umfeld stabil ist und wir Zuwendung und Unterstützung erfahren. Damit das möglich ist, muss dieses persönliche Umfeld beizeiten aufgebaut und gepflegt werden. Von einem Feld, das wir nicht bestellen, können wir auch nicht ernten.

Selbstverständlich ist es eine (nicht ganz realistische) Idealvorstellung, dass wir uns immerzu um alle Lebensbereiche gleichermaßen kümmern und für ein ausgewogenes Verhältnis unter ihnen sorgen können. Entscheidend ist jedoch, dass wir ein Bewusstsein für die Zusammenhänge entwickeln und uns nicht erst dann um einen Lebensbereich kümmern, wenn dort gravierende Probleme auftauchen. Mittel- und langfristig gesehen sollten die Lebensbereiche entsprechend unseren persönlichen Vorstellungen und Werten ausbalanciert sein. Diese Balance bedeutet aber für jeden Menschen etwas anderes, weil naturgemäß die Defizite unterschiedlich verteilt sind. So hat jeder von uns ganz eigene »Lebensaufgaben«, die sich im Übrigen im Laufe der Zeit mehrfach ändern können.

Übung: »Meine Energiebalance«
Schauen Sie sich einmal Ihre eigene Energiebalance an. Gehen Sie dafür bitte jeden Lebensbereich einzeln durch und beantworten Sie schriftlich die folgenden Fragen:

- Wie gut ist jeder Lebensbereich mit Energie gefüllt (sehr gut, gut, mittel, schwach, leer)?

- Wo sind Zuflüsse, wo Abflüsse (bitte möglichst konkret benennen, z. B. Abfluss: »Kreditabzahlung fürs Haus«, oder Zufluss: »Tennis spielen am Mittwoch mit Mark«)?
- Gibt es Risse oder Lecks (z. B. Krankheit)?
- Welche Querverbindungen existieren zwischen den Lebensbereichen, also welcher Aspekt in einem Bereich nimmt Einfluss auf andere Bereiche, und in welcher Form tut er das?
- Wer oder was spendet in den einzelnen Bereichen Energie (etwa gemeinsames Kochen)? Wer oder was raubt Ihnen Kraft (z. B. ständige Streitigkeiten mit den Nachbarn)?
- Droht irgendwo eine Krise, oder ist sie schon eingetreten (vielleicht in der Beziehung)?
- Haben Sie Ideen, wie sich die fehlenden Energiereserven wieder aufstocken lassen könnten (z. B. durch konkrete Aktionen)?

Zu einer guten Energiebalance gehört auch das regelmäßige Auftanken. Eine kurzfristige Auszeit ist eine gute Möglichkeit, um sich dieser Aufgabe zu widmen. Dadurch bekommen wir Gelegenheit, die eigene Verfassung zu überprüfen und gewissermaßen ein Blitzlicht auf unseren körperlichen und seelischen Zustand zu werfen. In solchen Momenten der Ruhe empfangen wir von unserem Körper und unserer Seele die vielfältigsten Signale. Sie helfen uns herauszufinden, was gut für uns ist und wo wir neue Energie gewinnen können.

Übung: »Nichts tun«

Nehmen Sie sich einmal versuchsweise etwas Zeit nur für sich allein (eine halbe Stunde oder einen ganzen Tag, das hängt von Ihrer Einsatzbereitschaft ab – je mehr Zeit Sie sich nehmen, umso größer ist der Effekt) – vielleicht am Wochenende oder an einem verregneten Urlaubstag, vielleicht aber auch einmal abends in der Woche, wenn Sie keine Verpflichtungen haben. Versuchen Sie nun, in dieser Zeit ganz bewusst »nichts« zu tun.

Vielleicht sitzen Sie einfach nur da und trinken Tee, oder Sie legen sich aufs Sofa und träumen in den Tag hinein. Sie können sich auch auf einen Stuhl setzen und die Wand anschauen. Hauptsache, Sie suchen sich keine Aufgaben, die zu erledigen sind, oder beschäftigen sich mit irgendwelchen vernünftigen Dingen. Auch auf angestrengtes Nachdenken sollten Sie verzichten und stattdessen Ihren Gedanken freien Lauf lassen. Horchen Sie in sich hinein und beobachten Sie, was mit Ihnen passiert:

- Wie lange können Sie diesen Zustand aushalten?
- Wie fühlen Sie sich dabei?
- Welche Gedanken gehen Ihnen durch den Kopf?
- Was passiert in Ihrem Körper?
- Werden Sie unruhig und nervös oder sehr müde?
- Spüren Sie Ängste oder Traurigkeit aufkommen?
- Kreisen Ihre Gedanken immer wieder um dieselbe Problematik?
- Können Sie sich gut entspannen?
- Fühlen Sie sich angenehm wohl und ausgeglichen?
- Fühlen Sie sich danach erfrischt und voller Tatendrang?

Ein solches Innehalten zeigt uns unmittelbar auf, in welcher Verfassung wir uns gerade befinden. Wie ein Spiegel, in den wir schauen.

KAPITEL 15

DIE LEBENSBALANCE – ROUTENPLANUNG UND REISESTATIONEN

> Alter ist ein herrlich Ding, wenn man nicht
> verlernt hat, was anfangen heißt.
> *Martin Buber,*
> *Religionsforscher und -philosoph*

Die ganzheitliche Lebensgestaltung hat, wie wir gesehen haben, zum Ziel, ein Gleichgewicht in und zwischen unseren fünf Lebensbereichen herzustellen. Wie aber können wir einen solchen Zustand herbeiführen? Im Folgenden wollen wir uns diesen Balanceprozess, der verschiedene Aufgaben beinhaltet, detailliert anschauen. Wenn Sie sich Schritt für Schritt mit den genannten Punkten beschäftigen, wird sich ganz allmählich der für Sie richtige Weg zu einer ausgeglichenen Lebensbalance abzeichnen. Wichtig ist es, während des Prozesses alle Lebensbereiche im Blick zu behalten und sich Gedanken über die wechselseitigen Einflüsse zu machen.

Dies sind nun die Aufgaben, mit denen Sie sich im Balanceprozess auseinandersetzen:

1. Selbstbetrachtung – Wie geht es mir?
2. Werte erkennen – Was ist mir wichtig?
3. Bedürfnisse klären – Was brauche ich wirklich?
4. Ziele setzen – Wo will ich hin?
5. Aufgaben lösen – Wie schaffe ich das?
6. Prioritäten setzen – Womit beginne ich?
7. Umsetzung – Worauf muss ich achten?
8. Hindernisse überwinden – Wie gehe ich mit Blockaden und Störungen um?
9. Veränderungen bewältigen – Wie behalte ich den Blick fürs Ganze?

Die einzelnen Aspekte des Balanceprozesses werden nachfolgend ausführlich dargestellt.

Selbstbetrachtung – Wie geht es mir?

Zu Beginn des Balanceprozesses werfen wir zunächst einmal einen strukturierten Blick auf unsere verschiedenen Lebensbereiche, um herauszufinden, welche negativen und welche positiven Aspekte es gibt. Wenn wir uns sowohl mit den Belastungen als auch mit den Bereicherungen in unserem momentanen Leben auseinandergesetzt haben, vergleichen wir anschließend wie mit einer Waage die positiven und negativen Einflüsse innerhalb eines Lebensbereichs miteinander und fragen uns, was überwiegt.

Im Idealfall sollten die positiven Faktoren überwiegen, oder das Verhältnis sollte zumindest ausgeglichen sein. Gibt es eine deutliche Tendenz zu negativen Einflüssen und sind davon sogar mehrere Lebensbereiche betroffen, ist das ein Alarmsignal: Hier müssen wir handeln!

Übung: »Wie geht es mir?«
Nehmen Sie sich eine halbe bis eine Stunde Zeit und gehen Sie in Ruhe die letzten Wochen und Monate durch (wenn Sie wollen auch die letzten ein bis zwei Jahre). Ziehen Sie Bilanz:

In welchem Lebensbereich habe ich die meisten Erfolge, die schönsten Glücksgefühle, die größte Freude erlebt? Beschreiben Sie Ihre Erlebnisse möglichst konkret in Stichworten.

Arbeit, Beruf und nachberufliches Engagement:
z. B. neue Aufgaben / Prüfung bestanden / Probleme gelöst / Anerkennung bekommen / Projekt erfolgreich abgeschlossen / neue Kompetenzen erworben / Pensionierung usw.

Partnerschaft und Familie:
z. B. schöne gemeinsame Erlebnisse / Geburt eines Kindes oder Enkelkindes / Verliebtheit, Zärtlichkeit, Nähe / gemeinsamer Urlaub oder interessante Reise / Zeit mit den Kindern / guter Sex / neuer Hund / Jubiläen oder Geburtstage usw.

Körper und Gesundheit:
z. B. eine Krankheit überstanden / Gewichtsreduzierung / neuen Sport entdeckt / Verzicht auf Tabletten, Zigaretten oder Alkohol / gesündere Ernährung / Kondition verbessert / regelmäßig Gymnastik gemacht / schön entspannt usw.

Freizeit und Freunde:
z. B. Fußballspiel mit der Mannschaft gewonnen / gute Gespräche gehabt / schöne gemeinsame Feste / neues

Hobby entdeckt / ein toller Segeltörn mit Freunden / einer Freundin geholfen / neue Bekanntschaften geschlossen usw.
Glaube und Spiritualität:
z. B. Zeit für Stille gehabt / Fortschritte beim Meditieren / ein persönliches Hindernis überwunden / Erkenntnisse gewonnen / mentale Kraft gespürt / Zusammenhänge verstanden / eine neue spirituelle Technik entdeckt / Inspiration bekommen usw.

Als Nächstes fragen Sie sich, welche Ereignisse, Situationen, Menschen oder Umstände Sie belastet, geärgert, frustriert oder verletzt haben, und notieren sich dazu ebenfalls Stichworte.
Arbeit, Beruf und nachberufliches Engagement:
z. B. Pensionierung / Ärger mit Mitarbeitern oder dem Chef / mangelnde Anerkennung für eigene Leistungen / Probleme im Projekt oder mit Kunden / Misserfolge / Erwartungen nicht erfüllt / Arbeitsplatz gefährdet oder verloren / Überforderung / Gehaltskürzung usw.
Partnerschaft und Familie:
z. B. Probleme im Zusammenleben / Langeweile oder Frustration / Streit / Probleme mit der Sexualität / Sorgen wegen der Kinder bzw. Enkelkinder / Trennung oder Verlust eines geliebten Menschen / zu wenig gemeinsame Zeit / schlecht verbrachte gemeinsame Zeit / unschöne Erlebnisse / unfreiwillige Pflege eines bedürftigen Angehörigen usw.
Körper und Gesundheit:
z. B. zu viel Gewicht / unzufrieden mit dem eigenen Körper / Probleme mit dem Alterungsprozess / Krankheit oder Verletzung / Müdigkeit und Erschöpfung / Sucht oder

Unmäßigkeit / chronische Schmerzen / schlechte Kondition / Depressionen usw.

Freizeit und Freunde :

z. B. Entfremdung oder Verlust der Freundschaft / Einsamkeit / durch äußere Umstände Hobby aufgegeben / Misserfolge / zu wenig gemeinsame Zeit / Konflikte und Missverständnisse / Krankheit oder Verlust eines Freundes / keine Freunde usw.

Glaube und Spiritualität:

z. B. Ängste und Lebensunsicherheit / Zweifel am Sinn des Lebens / keine Zeit zum Innehalten / Hadern mit Schicksalsschlägen / Verlust von Grundvertrauen / innere Unruhe und Unzufriedenheit / Unausgeglichenheit und Freudlosigkeit usw.

Werte erkennen – Was ist mir wichtig?

Jeder Mensch folgt in seinem Denken und Handeln irgendwelchen inneren Werten. Das kann bewusst und zielstrebig geschehen oder auch unbewusst. Unser Wertesystem entwickelt sich im Laufe vieler Jahre, und es ist anzunehmen, dass den meisten Menschen ihre persönlichen Wertvorstellungen nicht voll und ganz bewusst sind. Sie wissen zwar, was ihnen gefällt oder nicht gefällt, eine gezielte Auseinandersetzung mit den eigenen Werten und der darauf basierenden Lebensphilosophie erfolgt aber eher selten. Oftmals nehmen wir das Wertesystem unserer Umwelt auf. Dieser Prozess beginnt im Elternhaus und setzt sich fort mit Freunden, Bekannten und Kollegen, bis wir unsere Wertvorstellungen schließlich an die eigenen Kinder weitergeben.

Es gibt jedoch mit fortschreitendem Alter immer öfter Situationen, in denen wir spüren, dass uns die von Eltern, Erziehern und anderen Menschen übernommenen Werte einschränken, dass sie nicht wirklich zu unserem Lebensentwurf passen, denn was des einen Freud ist des anderen Leid. Wir haben das Gefühl, fremdbestimmt zu leben, es anderen Menschen recht zu machen, ohne dadurch jedoch Zufriedenheit zu erlangen. Wir merken: Jetzt musst du herausfinden, was du selbst willst, und deine Entscheidungen danach richten. Dafür ist es auch mit sechzig Jahren noch nicht zu spät. Immer wenn wir eine wichtige Entscheidung zu treffen haben, sollten wir zunächst eine Art Werteabgleich machen, indem wir Pro und Contra vor dem Hintergrund unserer Wertvorstellungen und Gefühle gegeneinander abwägen. Tun wir das nicht, d.h., treffen wir die Entscheidung ohne Rücksicht auf unsere Wertvorstellungen, führt das unweigerlich zu Problemen.

Unsere Lebensphilosophie, also der Grundsatz, nach dem wir unser Leben gestalten, wird konstituiert durch unser inneres Wertesystem. Hier einige Beispiele für Lebensphilosophien und die dahinterstehenden Werte:

- »ein Leben in Freiheit« (Unabhängigkeit und Ungebundenheit)
- »es zu etwas bringen« (Wohlstand und Status)
- »anderen helfen« (Leben für die Gemeinschaft)
- »natürlich leben« (Ernährung, Lebensstil, Umweltbewusstsein)
- »die Gesellschaft mitgestalten« (Macht und Einfluss)
- »etwas schaffen« (Leben für Inhalte).

Unsere Lebensphilosophie ist stark sinnorientiert und kann sich im Laufe der verschiedenen Altersphasen durchaus ändern. Oft finden sich auch Mischformen unterschiedlicher Entwürfe, z. B.: »durch Engagement in der Umweltpolitik anderen Menschen und der Welt helfen«. Hier kommen z. B. Umweltbewusstsein, Machtstreben (Politik) und Gemeinschaftssinn als Werte zum Ausdruck.

Unsere persönlichen Wertvorstellungen beeinflussen alle Lebensbereiche und bilden gleichzeitig die Basis unserer Lebensphilosophie. An ihnen orientieren wir uns bei Entscheidungen, beim Umgang mit anderen Menschen, bei der Reaktion auf bestimmte Ereignisse und ganz allgemein in der Lebensplanung.

Einige Beispiele für Werte:

- Toleranz
- Liebe
- Gemeinschaft
- Spaß und Freude
- Wohlstand
- Ehrlichkeit
- Seriosität
- Abenteuerlust
- Sicherheit
- Kreativität
- Zuverlässigkeit

Übung: »Was sind meine persönlichen Werte?«

Für diese Übung brauchen Sie etwa 45 Minuten Zeit. Ziel ist es herauszufinden, welche Werte für Sie in den verschiedenen Lebensbereichen wichtig sind. Nehmen Sie zunächst fünf DIN-A4-Blätter und betiteln Sie sie mit je einem Lebensbereich (Arbeit, Beruf und nachberufliches Engagement; Partnerschaft und Familie usw.). Im nächsten Schritt formulieren Sie möglichst konkret Ihre Wertvorstellungen für die einzelnen Bereiche. Differenzieren

Sie, wenn nötig, auch nach Personen und anderen Aspekten (z. B. meine Kolleginnen, mein Mann, mein Hobby usw.).

Ein Beispiel für den Lebensbereich Beruf bzw. nachberufliches Engagement:

Was ist mir besonders wichtig bei meiner zukünftigen Aufgabe?

- selbständiges Handeln
- ein erkennbarer Sinn und Nutzen
- etwas Gutes bewirken

Was ist mir sonst noch wichtig bei meiner zukünftigen Aufgabe?

- Abwechslung
- Gestaltungsmöglichkeiten
- Kreativität
- Arbeit mit Menschen
- Anerkennung
- Entwicklungsmöglichkeiten
- Was ist mir nicht so wichtig?
- hoher Verdienst
- gute Absicherung

Was möchte ich bei meiner zukünftigen Aufgabe nicht in Kauf nehmen?

- langweilige Routinearbeit
- starre und ausgeprägte Hierarchien
- lange Entscheidungswege

- schlechte Kommunikation
- ganztägig arbeiten

Wenn Sie diese Fragen für sich beantwortet haben, können Sie schon einige für Sie persönlich wichtige Werte erkennen. Nun gilt es, Schwerpunkte zu setzen: Welche Werte sind für Sie unverzichtbar? Wo wären Sie zu Kompromissen bereit? Versuchen Sie, eine Rangfolge zu erstellen: den wichtigsten Wert ganz oben, den am wenigsten wichtigen ganz unten, die anderen entsprechend dazwischen. Halten Sie sich jetzt diese »Rangliste« vor Augen und überlegen, welche Philosophie bzw. welcher Grundsatz sich daraus für diesen Lebensbereich ergeben würde. Formulieren Sie die Philosophie gut verständlich in einem nicht zu langen Satz.

Abschließend sehen Sie sich Ihre Lebensbereiche im aktuellen Zustand an. Vergleichen Sie die Situation mit Ihren Wertvorstellungen. Wo gibt es Übereinstimmungen, wo sind Differenzen erkennbar? Wie könnten Sie die Unterschiede reduzieren und eine größere Übereinstimmung herstellen?

Bedürfnisse klären – Was brauche ich wirklich?

Wenn wir unser zukünftiges Leben tragfähig gestalten wollen, müssen wir uns Klarheit über unsere ganz persönlichen Bedürfnisse verschaffen. Ob ein Mensch großen individuellen Freiraum benötigt, eine Leidenschaft für handwerkliche Tätigkeiten besitzt oder unbedingt im eigenen Heim leben möchte, hängt von den übernommenen

Wertvorstellungen, aber auch von den eigenen Lebenserfahrungen und vom sozialen Umfeld ab. Viele Menschen neigen dazu, im Laufe ihres Lebens Besitztümer, Gewohnheiten und Beziehungen zu sammeln, die sie eigentlich gar nicht brauchen. Dabei verhalten sie sich sogar entsprechend der gesellschaftlichen Normen, denen sie seit ihrer Kindheit ausgesetzt sind: Für die Wirtschaft sind wir nur als Konsumenten interessant. Diese auf materiellen Verbrauch ausgerichtete Orientierung wird in unserer Kultur so konsequent konditioniert, dass wir sie häufig auch auf andere Lebensbereiche übertragen: auf zwischenmenschliche Beziehungen, Aktivitäten, eigene Bedürfnisse.

Selbst in späteren Lebensphasen sollen wir unser Geld und unsere Energie auf eine Vielzahl von Produkten und Ereignissen verteilen (in Japan gibt es dafür schon den so genannten »Silbernen Markt« für Senioren). Wir wollen von allem immer mehr: Besitz, Status, Anerkennung, Gesundheit, Jugend, Liebe … Und irgendwann können wir uns in all dem angehäuften »Bedarf« nicht mehr frei bewegen, sondern sind gefangen in einem Netz aus Abhängigkeiten und Verpflichtungen, das immer weiter gesponnen wird, weil wir nie genug bekommen können.

Der Beginn eines neuen Lebensabschnitts bietet auch immer die Chance, aufzuräumen und Ballast abzuwerfen, wie bei einem Umzug. Nutzen Sie diese Möglichkeit, um sich über Ihre ureigenen Bedürfnisse klar zu werden, seien es nun Werte, Aktivitäten, Beziehungen oder Dinge, die Sie sich wünschen.

Übung: »Mein Lebenshaus«

Um herauszufinden, was Sie in der kommenden Lebensphase wirklich brauchen, könnten Sie sich einmal in Ruhe hinsetzen und sich Ihr Leben wie ein leeres Haus vorstellen. Überlegen Sie zunächst, was die absolut notwendigen Dinge wären, die Sie zum Überleben bräuchten, und stellen Sie im Geiste nur diese in Ihr »Lebenshaus« hinein. Dabei ist es hilfreich, zwischen »harten« Aspekten (also materiellen Dingen oder äußeren Rahmenbedingungen) und »weichen« Aspekten (wie etwa persönlichen Beziehungen oder sinngebenden Inhalten) zu unterscheiden. Im zweiten Schritt überlegen Sie sich die Elemente, die Sie brauchen, um sich in der kommenden Zeit wirklich wohl zu fühlen, und nehmen diese mit in Ihr Lebenshaus. Anschließend fragen Sie sich: »Reicht mir das, oder möchte ich noch mehr?« Bei diesem Schritt sollten Sie kritisch überlegen: Ist das, was jetzt noch hinzukommt, ein Gewinn oder schon Ballast?

Auf diese Weise kommen Sie zu einer konkreten Vorstellung, welche Bedürfnisse Sie künftig haben werden und wie Sie diesen nachkommen können, ohne Ihr Leben mit zu viel Ballast zu überfrachten.

Übung: »Ich und meine Welt«

Für diese Übung benötigen Sie etwas Zeit, mindestens eine halbe Stunde, aber eher länger. Richten Sie sich an einem schönen und ungestörten Ort bequem ein. Nehmen Sie sich ein Blatt Papier und einen Stift. Ihre Aufgabe ist es, folgende Fragen zu beantworten:

- Wie möchte ich gern in Zukunft dastehen?
- Wer und was soll alles dabei sein?
- Wie werde ich mich dann fühlen?

Versuchen Sie nicht, rationale Antworten zu geben (z. B.: Was erscheint mir sinnvoll, logisch usw.?), sondern antworten Sie spontan und intuitiv, ohne lange nachzudenken. Finden Sie Worte, die Ihre Gedanken möglichst konkret zum Ausdruck bringen.

Es geht bei dieser Übung nicht um literarische Qualität oder Schönheit, sondern einzig und allein darum, dass Sie Ihre Vorstellungen zu Papier bringen. Wenn Sie fertig sind, machen Sie am besten eine Pause, um Abstand zu gewinnen. Anschließend lesen Sie sich das Geschriebene noch einmal durch:

- Welchen Eindruck macht es insgesamt auf Sie?
- Welche Gefühle oder Empfindungen haben Sie, wenn Sie Ihre Worte lesen?
- Was berührt Sie am meisten?
- Welche Ideen/Anregungen kommen Ihnen beim Lesen?
- Was fehlt noch?
- Nun schauen Sie sich Ihre gegenwärtige Lebenssituation an:
- Was fällt Ihnen auf?
- Wie weit sind Sie von Ihrem Entwurf entfernt?
- Was in Ihrem Leben ist besonders weit von dem gewünschten Zustand entfernt?
- Was könnten oder würden Sie gern tun, um das zu ändern?

Tauschen Sie sich mit anderen über Ihre Vorstellungen aus. Sprechen Sie auch über deren Ideen und machen Sie sich gemeinsam Gedanken darüber, wie Sie Wünsche für die Zukunft und momentane Realität besser in Einklang bringen können.

Ziele setzen – Wo will ich hin?

> Und nun zum Wettlauf
> der Orientierungslosen ...
> *Monty Python, britische Komikergruppe*

Ein wichtiger Schritt auf dem Weg zu einer ausgeglichenen Lebensbalance ist das bewusste Setzen von Zielen. Ziele sollten wir uns nicht nur im Beruf, sondern auch in den anderen Lebensbereichen setzen. Ein gut formuliertes Ziel zeichnet sich vor allem dadurch aus, dass es konkret und realistisch ist und dass sich seine Verwirklichung überprüfen lässt. Dies setzt voraus:

- eine genaue Definition des gewünschten Zustandes/Ereignisses und
- einen konkreten Termin für die Realisierung

Zu vage formulierte Ziele wie: »Ich möchte meine Lebenssituation verbessern«, oder: »Ich möchte weiterkommen« sind wenig geeignet, um etwas Konkretes zu erreichen. Wir tun gut daran, uns einigermaßen erreichbare Ziele zu setzen, damit die Frustration nicht vorprogrammiert ist. Andererseits kann es natürlich auch eine Herausforderung bedeuten, weiterzukommen, als wir es uns gegenwärtig vorstellen können. Deswegen dürfen Ziele durchaus auch einen visionären Charakter haben.

In jedem der fünf Lebensbereiche nehmen wir verschiedene Rollen ein bzw. üben verschiedene Funktionen aus. So können Sie bei der Zielfindung für die einzelnen Lebensbereiche als Erstes überlegen, welche Rollen Sie jeweils innehaben (im Bereich Partnerschaft/Familie könnten das z. B. sein: Ehepartner, Vater, Freund, Liebhaber, Kavalier, Motivator, Versorger usw.), und sich anschließend für jede dieser Rollen spezifische Ziele setzen. Aber nehmen Sie sich nicht zu viel auf einmal vor! Zunächst geht es nur darum, sich an das zielorientierte Denken zu gewöhnen. Vielleicht möchten Sie in bestimmten Lebensbereichen oder Rollen auch darauf verzichten, sich konkrete Ziele zu setzen. Das liegt natürlich allein in Ihrer Hand.

Die einmal gesetzten Ziele sollten wir hin und wieder einer kritischen Prüfung unterziehen, insbesondere dann, wenn sie mittel- oder gar langfristig angelegt sind. Wer möchte schon erleben, dass er zwar das vor zwanzig Jahren gesetzte Ziel erreicht hat, ein großes Haus zu besitzen, dass sich seine Werte aber inzwischen verändert haben, er jetzt also beispielsweise von Unabhängigkeit, ausgiebigen Reisen und »leichtem Gepäck« träumt. Richten Sie immer mal wieder einen unverstellten Blick auf sich selbst, denn Ihre Motive, Ihre Wertvorstellungen, Ihre Bedürfnisse und Ihr Weltbild verändern sich. Und es ist gut, wenn Sie diesen Wandel rechtzeitig mitbekommen.

Hinterfragen Sie also Ihre Ziele und prüfen Sie, ob sich dahinter nicht vielleicht Bedürfnisse oder Motive verbergen, die auf andere Weise, mit anderen Zielvorgaben schneller oder besser zu befriedigen wären.

Hier ein Beispiel für mögliche Motive, die einem Ziel zugrunde liegen können:

Ziel:
Ein großes Anwesen auf dem Land mit fünfzig Jahren.

Mögliche Bedürfnisse und Motive:
Liebe zur Natur, Jagen und Ausreiten, Landleben, offenes Haus für viele Gäste und Freunde, Abgeschiedenheit, Ruhe, Einsamkeit, Reichtum, Repräsentationsdruck, Selbstdarstellung, Leidenschaft für Architektur, große Familie, viele Tiere usw.

Selbstreflexion:
- Welche dieser Motive treffen tatsächlich auf mich zu?
- Ist das gesteckte Ziel geeignet, um diesen Bedürfnissen zu entsprechen?
- Gibt es andere Ziele, die dasselbe ermöglichen würden?
- Gibt es Ziele, die den Motiven besser entsprechen würden?
- Gibt es Ziele, die dasselbe leisten würden, aber leichter zu erreichen sind?

Denken Sie bei Ihrer Lebensplanung und Zielsetzung immer daran: Heute ist der erste Tag vom Rest Ihres Lebens! Aber überstürzen Sie nichts. Ziele wollen mit Bedacht gewählt, Entscheidungen auf einer sicheren Basis getroffen werden. Napoleon pflegte zu sagen: »Meine Herren, die Zeit drängt, also setzen wir uns erst einmal.« Es ist immer gut, sich zunächst etwas Zeit zum Nachdenken zu nehmen, bevor man sich an die Arbeit macht.

Viele Ziele, die wir uns setzen, wirken sich auf andere Lebensbereiche aus, z. B. kollidiert der Wunsch, Karriere zu machen, erfahrungsgemäß mit dem Bedürfnis, viel Zeit mit der Familie zu verbringen. Wir sprechen deshalb von Nebenwirkungen, die diese Ziele haben. Zu einer Erfolg versprechenden Lebensgestaltung gehört auch das Wissen um den Preis, den ich unter Umständen zahlen muss, um ein Ziel zu erreichen. Dann kann ich abwägen: Will ich diesen Preis zahlen? Welche konkreten Folgen wird das haben, und gibt es Wege, sie zu beeinflussen? Wie sehen mögliche Kompromisse aus?

In diesem Zusammenhang ist die in der Motivationslehre verbreitete Annahme interessant, dass wir uns jeden Tag neu entscheiden können, wohin unser Weg führen soll. Viele Leserinnen und Leser werden jetzt denken: »Das stimmt so nicht. Schließlich kann ich nicht einfach alles stehen und liegen lassen. Ich habe doch auch Verpflichtungen.« Die Befürworter der These von der Wahlfreiheit würden ihnen entgegnen: »Sie können schon, Sie wollen aber möglicherweise nicht. Sie müssten nur bereit sein, den Preis zu zahlen, die Konsequenzen zu tragen, und genau das schreckt Sie. Also wollen Sie vielleicht gar nicht, obwohl Sie könnten.« Das bedeutet, dass es stets abzuwägen gilt, ob das, was wir (möglicherweise) bekommen, mindestens genauso viel oder noch besser: mehr wert ist als das, was wir dafür aufgeben müssen. Denken Sie also in Ruhe darüber nach, was ein Ziel für Sie wirklich bedeutet.

Übung: »Ziele setzen«

Überlegen Sie, welche Ziele Ihnen für die verschiedenen Lebensbereiche (Arbeit, Beruf und nachberufliches Engagement; Partnerschaft und Familie; Körper und Gesundheit; Freizeit und Freunde; Glaube und Spiritualität) vorrangig erscheinen.

Formulieren Sie diese Ziele klar und präzise und halten Sie sie schriftlich fest. Die Ziele sollten realistisch, also erreichbar sein und zu Ihren Wertvorstellungen passen. Legen Sie für jedes Ziel einen konkreten Termin fest, an dem Sie es erreicht haben wollen. Hier ein Muster (es können ruhig mehrere Ziele pro Lebensbereich sein):

Lebensbereich	Ziel	Termin

Übung: »Ziele überprüfen«

Hinterfragen Sie nun Ihre Ziele und prüfen Sie, ob sich dahinter möglicherweise Bedürfnisse verbergen, die auf andere Weise besser zu befriedigen wären.

Anregungen zur Selbstreflexion über ein gesetztes Ziel:

- Welche Bedürfnisse oder Motive stecken tatsächlich dahinter?
- Ist dieses spezifische Ziel geeignet, um den Motiven gerecht zu werden?

- Gibt es andere Ziele, mit denen ich dasselbe erreichen würde?
- Gibt es Ziele, die den Motiven besser entsprechen würden?
- Gibt es Ziele, die dasselbe leisten würden, aber leichter zu erreichen sind?

Wenn Sie auf diese Weise die gesetzten Ziele hinterfragt und mehr Klarheit gewonnen haben, formulieren Sie sie möglicherweise noch einmal neu. Versuchen Sie dabei, sich noch knapper zu fassen, die Ziele noch genauer zu beschreiben. Konzentrieren Sie sich ausschließlich auf das, worauf es Ihnen wirklich ankommt, und lassen Sie weg, was sich ohnehin aus der Zielsetzung ergibt.

<u>Als Partnerübung</u>: Tauschen Sie die Ergebnisse der Übung »Ziele setzen« aus und erläutern Sie sich gegenseitig die Motive, die Ihren Zielen zugrunde liegen. Hinterfragen Sie einander kritisch-konstruktiv und formulieren Sie Ihre eigenen Ziele anschließend gegebenenfalls noch einmal neu.

Ziele in Aufgaben gliedern

Der nächste wichtige Schritt im Prozess der Zielfindung und -erreichung ist die Aufgliederung eines konkreten Ziels in seine verschiedenen Aspekte. Die Gliederung erfolgt bis zu dem Punkt, an dem ganz konkrete Aufgabenstellungen erkennbar werden. So können wir herausfinden, welcher Weg zum Ziel führt. Manche Ziele erscheinen uns unerreichbar, obwohl sie es gar nicht sind. Uns fehlt nur eine genaue Vorstellung, ein Überblick über die wichtigsten Schritte dahin. Je übersichtlicher wir ein gesetztes Ziel in seine einzelnen Details aufgliedern, desto besser wird es realisierbar.

Die Aufgliederung eines Ziels können wir z. B. mit einem Mindmap vornehmen. In den 70er Jahren gelangte der Brite Tony Buzan zu der Erkenntnis, dass komplexe Informationen nicht nur hierarchisch oder sequenziell dargestellt werden können, sondern dass es manchen Aufgaben gerechter wird, von einem zentralen Hauptthema oder Motiv ausgehend in alle Richtungen zu arbeiten. Daraus hat sich die Methode des Mindmapping entwickelt, eine Technik, die insbesondere das räumliche und bildliche Denken aktiviert und so den Einsatz der rechten Gehirnhälfte fördert. Mindmaps sind hervorragend geeignet, um Ziele zu zergliedern und darin enthaltene Aufgaben sichtbar zu machen.

Und so geht es: Zunächst wird das Ausgangsthema – z. B. ein Ziel – gut lesbar in die Mitte eines großen Blatt Papiers geschrieben. Es empfiehlt sich bei dieser Technik die Verwendung von prägnanten Stichwörtern. Um das Hauptthema herum gruppieren Sie nun weitere Begriffe (Unterthemen). Dann ziehen Sie Verbindungslinien von diesen Wörtern zum Hauptthema. Anschließend notieren Sie auf der nächsten Hierarchieebene weitere Begriffe, die Ihnen zu den Unterthemen einfallen usw. Im Laufe der Zeit entsteht so ein komplexes Wurzelwerk von Themen, Unterthemen und Assoziationen zu einem Begriff (z. B. Ihrem Ziel).

Sie können die einzelnen Stichwörter zu sinnvollen Themenkomplexen gruppieren und durch eine spezielle Farbgebung von anderen Themenbereichen abgrenzen. Automatisch werden Sie dann beim Aufschreiben der nächsten Begriffe diese ordnen, indem Sie ihnen eine bestimmte Position, Größe und Farbe zuweisen. Durch die Verbindungslinien, die Sie ziehen, geben Sie dem Gefüge eine Struktur. Anfangs kann es Schwierigkeiten bereiten, die Ideen zu ordnen. Deswegen sollten Sie sich Zeit lassen und in Ruhe überlegen, wohin ein neues Wort am besten passt.

Übung: »Ziele in Aufgaben gliedern«
Wählen Sie ein für Sie wichtiges Ziel aus und zergliedern Sie es (z. B. mit der Mindmap-Methode) so weit in Unterpunkte, bis einzelne Aufgaben erkennbar werden. Dies ist schon der erste Schritt auf dem Weg zur Zielerreichung. Das Ziel wird dann so lange weiter zerlegt, bis Sie in den Stichwörtern konkrete, umsetzbare Aufgaben erkennen können. Diese nehmen Sie dann in Ihre Planung auf.

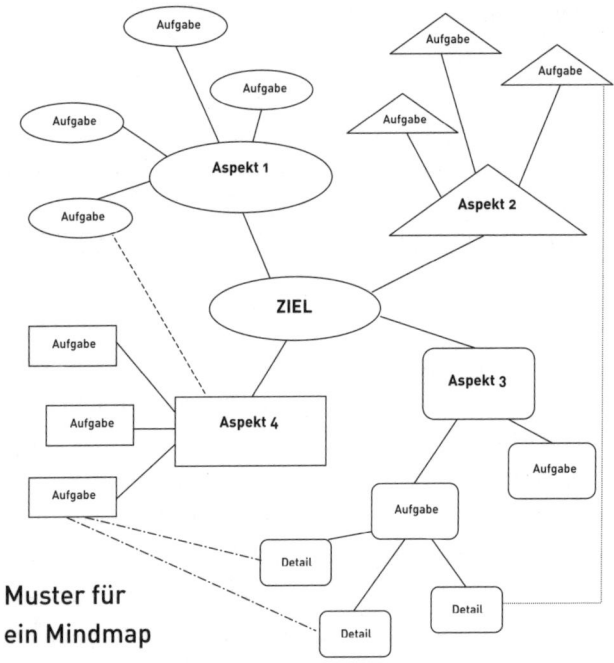

Muster für ein Mindmap

Ziele gedanklich visualisieren

Eine sehr persönliche Methode, um sich über Ziele klar zu werden oder sich auf eine bestimmte Situation einzustellen, ist die Mentaltechnik der Visualisierung. Dabei macht man sich von einem zu erreichenden Ziel oder einer bevorstehenden Situation in Gedanken ein möglichst detailreiches und positives Bild (»Film im Kopf«). Man stellt sich genau vor, was man erreichen will, und konzentriert sich auf jede lebendige Einzelheit, die einem dazu einfällt. Wie wird alles aussehen, was wird wie funktionieren, wo werde ich sein, was werde ich tun? Wie wird es sich anfühlen, wenn ich mein Ziel erreicht habe?

Bei Untersuchungen an Hochleistungssportlern hat man festgestellt, dass diese bei einem mentalen Visualisierungstraining nach zwei Wochen ebenso gute Leistungen erbringen konnten wie die Vergleichsgruppe, die zwei Wochen lang körperlich trainiert hatte. Durch die Kombination von physischem und mentalem Training konnte die Wettkampfleistung der Sportler schließlich deutlich verbessert werden. Von diesem Phänomen können auch Sie profitieren, um komplexe Aufgaben oder Probleme zu lösen (z. B. ein Ziel erreichen).

Übung: »Ziele visualisieren«

Stellen Sie sich ein Ziel, das Ihnen wichtig ist, so vor, als hätten Sie es bereits erreicht. Gehen Sie im Geiste durch Ihren Traumgarten, oder üben Sie Ihre Lieblingsbeschäftigung aus. Angeln Sie im Mittelmeer, oder sitzen Sie gemütlich mit Freunden zusammen und feiern einen persönlichen Erfolg. Lassen Sie sich gedanklich treiben und versuchen Sie, das Bild möglichst intensiv im Kopf zu erleben (das geht am besten, wenn Sie die Augen schließen). Lassen Sie dabei möglichst alle Sinne zum Einsatz kommen:

- Wie wird es aussehen?
- Wie wird es sich anfühlen?
- Wie wird es sich anhören?
- Wie wird es riechen?
- Wie wird es schmecken?

Wenn Sie ein konkretes, lebendiges Bild gefunden haben, versuchen Sie, es genau zu beschreiben. Notieren Sie alles, was Ihnen auffällt.

Im zweiten Schritt analysieren Sie Ihre Notizen: Zeichnet sich vielleicht schon ein Weg zum Ziel ab? Was müssten Sie unternehmen, um das Bild Wirklichkeit werden zu lassen? Welche Schritte wären im Einzelnen notwendig?

Aufgaben lösen – Wie schaffe ich das?

Wenn wir unsere Ziele erreichen wollen, müssen wir handeln. Wir brauchen Lösungen für unsere Probleme, und wir brauchen Ideen, wie wir diese umsetzen können. Manchmal können wir gleich mit der praktischen Realisierung beginnen, weil die Aufgabe überschaubar und einfach ist. In anderen Fällen müssen wir uns vorher Gedanken machen und das Ganze ein wenig planen, damit am Ende etwas Sinnvolles herauskommt. Das können wir entweder formlos machen, indem wir uns einfach hinsetzen und unsere Ideen schriftlich fixieren. Vielleicht haben wir ja bereits eine Lösung vor Augen, wenn wir das Problem erst einmal erkannt und genau beschrieben haben.

Manchmal sind die Aufgaben aber so komplex, dass wir methodisch arbeiten müssen, um zu einer Lösung zu finden. Das ist insbesondere bei größeren Projekten wie z. B. einem Hausbau oder der Planung von bestimmten Aspekten der dritten Lebensphase (z. B. die finanzielle Versorgung oder die Wohnsituation) der Fall. Dann kann uns eine Kreativtechnik weiterhelfen, zum Beispiel der Einsatz einer »Morphologischen Matrix«, auch »Morphologischer Kasten« genannt. Diese Methode wurde von dem Schweizer Physiker Fritz Zwicky entwickelt und basiert auf dem Prinzip, komplexe Aufgaben in kleinere Einheiten aufzuteilen und einzeln zu analysieren. Für jedes Detailproblem werden dann verschiedene Lösungen gesucht, die später zu einer Gesamtlösung zusammengeführt werden. Der Vorteil besteht darin, dass wir zum Schluss zwischen verschiedenen Lösungswegen wählen können. Das ist insbesondere dann wichtig, wenn die von uns favorisierte Lösung aus irgendeinem Grund nicht realisierbar ist und wir Alternativen benötigen. So lässt sich vielleicht auch mit begrenzten finanziellen Ressourcen eine Weltreise planen oder eine Wohnung umgestalten. Aber diese Technik kann auch bei kleineren Aufgaben, wie z.B. der saisonalen Gartenarbeit oder der Planung eines Familienfestes eingesetzt werden.

Übung: »Aufgaben lösen mit dem Morphologischen Kasten«

Nehmen Sie sich bitte noch einmal Ihr Mindmap vor (»Ziele in Aufgaben gliedern«). Suchen Sie alle konkreten Unteraufgaben oder Aspekte heraus, die Ihnen zu Ihrer

Hauptaufgabe bzw. Ihrem Ziel eingefallen sind, und fertigen Sie eine Liste an. Tragen Sie die einzelnen Aspekte in die linke Spalte einer Tabelle ein, die Sie nach dem abgebildeten Muster erstellen. Erarbeiten Sie anschließend für jeden Aspekt mehrere Lösungsmöglichkeiten und tragen Sie diese in die Felder rechts von dem betreffenden Aspekt ein. Am Ende markieren Sie die Ihnen am sinnvollsten und realistischsten erscheinenden Lösungen aus der Tabelle mit einem Kreis. Dies werden die Meilensteine auf Ihrem Weg zum Ziel sein.

Als Partnerübung: Ergänzen Sie sich gegenseitig Ihren Morphologischen Kasten um konstruktive Vorschläge; das ist besonders hilfreich, wenn einem selbst nicht genügend gute Lösungen einfallen.

Aufgabe:					
Aspekte	Lösung A	Lösung B	Lösung C	Lösung D	Lösung E
1					
2					
3					
4					
5					
6					
Lösung:					

Prioritäten setzen – Womit beginne ich?

In der Regel haben wir nicht genug Zeit für all die Dinge, die wir tun müssen oder gern tun würden. Deshalb ist es für eine befriedigende und erfolgreiche Lebensgestaltung auch in späteren Altersphasen wichtig, eine sinnvolle Auswahl zu treffen und Schwerpunkte zu setzen. Zum einen müssen wir entscheiden, was wir überhaupt tun wollen, und dann gilt es, eine Reihenfolge oder einen Zeitpunkt festzulegen. Prioritäten richtig zu setzen, ermöglicht es uns, auch wirklich die Dinge zu tun, die uns wichtig sind.

In der Praxis hat es sich als hilfreich erwiesen, verschiedene Prioritätsgrade zu unterscheiden, wobei eine Dreiteilung in der Regel ausreicht:

A – sehr wichtige Aufgaben: hohe Priorität
B – normal wichtige Aufgaben: mittlere Priorität
C – weniger wichtige Aufgaben: niedrige Priorität

Den Aufgaben mit hoher Priorität sollten wir uns zuerst widmen, obwohl es nicht immer die angenehmsten sind. Manchem hilft es vielleicht, sich vorzustellen, wie schön es sein wird, wenn die Aufgabe erledigt und das Ziel erreicht ist. Die Unterscheidung von Prioritätsstufen macht es leichter, sich auf die wesentlichen Aufgaben zu konzentrieren. Wenn wir beispielsweise wegen einer Reihe zusätzlich angefallener Arbeiten unser Tagespensum nicht bewältigt haben, können wir wenigstens sicher sein, die wesentlichen Dinge angepackt zu haben. Herauszufinden, was die wesentlichen Dinge sind, ist manchmal aber gar nicht so einfach. Hilfreich ist es in jedem Fall, sich bei der Prioritätensetzung an unseren Zielen zu orientieren und nicht etwa an der Aktualität der Tagesereignisse oder gar an der »Lautstärke«, mit der die Dinge an uns herangetragen werden.

Was ist wirklich wichtig?

Wenn wir uns Gedanken darüber machen, welche Aufgaben nun eigentlich die wichtigsten sind, müssen wir analysieren, welche Aktivitäten am ehesten zum Ziel führen. Dabei kann uns das nach dem italienischen Volkswirtschaftler Vilfredo Pareto benannte Pareto-Prinzip[88] eine Orientierungshilfe sein. Es stellt ein Hilfsmittel zur Unterteilung in wichtig/unwichtig dar und ist insofern auch ein gutes Instrument zur Prioritätensetzung. Dem Pareto-Prinzip zufolge sind nur wenige der Dinge, mit denen wir uns beschäftigen, wirklich wichtig. Es besagt, dass nur etwa 20 Prozent der Dinge den größten Wert des Gesamten (etwa 80 Prozent) ausmachen. Daher wird dieses Prinzip auch 80-zu-20-Regel genannt. Übertragen auf eine konkrete Aufgabe würde das z. B. bedeuten, dass wir mit 20 Prozent unserer Leistung bereits 80 Prozent des Erfolges bewerkstelligen und dass die restlichen 80 Prozent unseres Tuns notwendig sind, um die letzten 20 Prozent des gewünschten Ergebnisses zu sichern. Das erklärt auch, warum das »letzte Quäntchen« immer so viel Arbeit macht, obwohl es am Ende kaum sichtbar wird.

Menschen, die einen Hang zum Perfektionismus haben, sollten sich an dieser Stelle fragen, ob es sich wirklich immer lohnt, alle Arbeiten hundertprozentig durchzuführen. In der Konsequenz bedeutet das Pareto-Prinzip, dass es sinnvoll ist, sich im täglichen Leben nicht zuerst den leichtesten, den interessantesten oder schnell zu erledigenden Dingen zuzuwenden, sondern den wichtigsten. Während wir im Beruf die Entscheidung, was wichtig ist, im Sinne des Unternehmens getroffen haben, müssen wir im Privatleben nun unsere ganz persönlichen Vorstellungen, unsere Werte und Ziele bei der Prioritätensetzung berücksichtigen.

Wichtiges von Dringlichem unterscheiden

Prioritäten können sich im Verlauf der Ereignisse ändern – und tun das auch häufig. Kurzfristige Termine verleihen den damit verbundenen Aufgaben per se eine höhere Priorität. Aber Achtung! Hier gilt es, sich nicht täuschen zu lassen. Manche Dinge mögen zwar dringend erscheinen, aber sind sie auch wirklich wichtig im Sinne unserer Ziele? Hier müssen wir eine klare Unterscheidung treffen:

- Was ist wichtig und dringend?
- Was ist wichtig, aber nicht so dringend?
- Was ist dringend, aber nicht so wichtig?
- Was ist weder wichtig noch dringend?

Daraus folgt: Nicht alles, was dringend wirkt, ist auch wichtig. Und: Manche wichtigen Dinge müssen wir im Auge behalten, brauchen sie aber nicht gleich zu erledigen, weil sie nicht dringend sind. Wie aber erkennen wir, was unwichtig und gleichzeitig überflüssig ist? Und in welcher Reihenfolge sollen wir die anstehenden Aufgaben erledigen? Genau diese Fragen stellte sich einst der ehemalige amerikanische Präsident Eisenhower und entwickelte in der Folge eine Methode, die es möglich macht, zwischen wichtigen und dringenden Aufgaben zu unterscheiden und auf dieser Grundlage sinnvolle Prioritäten zu vergeben. Diese Methode wurde nach ihrem Erfinder »Eisenhower-Prinzip«[89] genannt und ist noch heute ein wirksames und beliebtes Instrument der Zeit- und Selbstorganisation, von dem wir auch im Zusammenhang mit dem Thema Lebensgestaltung profitieren können.

Eisenhower ordnete den Begriffen »wichtig« und »dringend« ein Koordinatensystem zu, aus dem sich vier Felder ergeben. Die anstehenden Aufgaben können den Feldern zugeordnet werden. Jedes Feld legt eine andere Priorität nahe, und so ist es ganz leicht, einen Überblick zu bekommen, sich zu entscheiden und die Ärmel hochzukrempeln.

dringend

Niedrige Priorität: dringend, aber unwichtig Wenn möglich, abgeben. **3**	Hohe Priorität: wichtig und dringend Sofort erledigen. **1**
Keine Priorität: weder wichtig noch dringend In den Papierkorb! **X**	Mittlere Priorität: wichtig, aber nicht dringend In die Planung aufnehmen und rechtzeitig erledigen. **2**

Eisenhower-Prinzip   wichtig

Das Problem ist in der Regel nur, dass wir uns im Alltag oft nicht an der Wichtigkeit einer anstehenden Aufgabe, sondern an ihrer Dringlichkeit orientieren. Dies führt dazu, dass wir permanent mit dringenden Sachen beschäftigt sind und Wichtiges aus dem Auge verlieren.

Persönliche Vorhaben und längerfristige Ziele werden meist in Feld 2 (mittlere Priorität) eingeordnet, d.h., wir müssen sie im Auge behalten und konsequent daran arbeiten, damit sie gar nicht erst dringend werden. Wenn wir das versäumen, beschäftigen wir uns möglicherweise zuviel mit den in Feld 1 angesiedelten Krisenereignissen und »Feuerwehr-Terminen«.

Ihre persönlichen Pläne setzen Sie also am besten mittels mäßiger, aber regelmäßiger Arbeit und einer sorgfältigen Planung um. Lassen Sie sich dabei immer wieder von dringenden, aber unwichtigen – oder schlimmer noch: unwichtigen und nicht dringenden – Ereignissen stören, wird es nichts mit der Zielerreichung. Für den Erfolg ist es also von großer Bedeutung, dass wir uns um die wirklich wichtigen Dinge kümmern. Was wirklich wichtig ist? Das wissen nur Sie selbst!

Jetzt ahnen Sie natürlich, wie wichtig es in Zukunft sein wird, zu den Dingen, die weder wichtig noch dringend für Sie sind (Feld X), Nein sagen zu können. Hier liegt eigentlich der ganze Sinn und Zweck des Eisenhower-Prinzips: Es soll uns helfen, uns auf die für uns persönlich wichtigen Dinge zu konzentrieren und überflüssigen Ballast loszuwerden, entweder durch Abgeben, Entsorgen oder Nein sagen. Schaffen Sie es, das Eisenhower-Prinzip in Ihrem Bewusstsein zu verankern, haben Sie einen weiteren wichtigen Schritt auf dem Weg zu einer ausgeglichenen Lebensbalance getan. Die Methode kann Ihnen sogar beim Einkaufen helfen (was brauche ich wirklich …)!

Übung: »Prioritäten setzen«
Jetzt, da Sie die notwendigen Aufgaben zur Zielerreichung und deren Lösung definiert haben, geht es darum, die wichtigsten Aspekte auszuwählen, denn Sie können ja nicht alle auf einmal bearbeiten. Welches werden Ihre wichtigsten Aufgaben sein? Sortieren Sie bitte die Lösungen, die Sie mit Hilfe des Morphologischen Kastens erar-

beitet haben, nach Wichtigkeit. Unterscheiden Sie dabei entsprechend den drei bereits bekannten Kategorien in:

A – sehr wichtige Aufgaben mit hoher Priorität,
B – normal wichtige Aufgaben mit mittlerer Priorität,
C – weniger wichtige Aufgaben mit niedriger Priorität.

Planen Sie für A-Aufgaben die meiste Zeit ein. Prüfen Sie, welche B- und C-Aufgaben Sie abgeben können. Bei den C-Aufgaben denken Sie zusätzlich darüber nach, welche Sie »entsorgen« können – das ist eine Kunst! Beginnen Sie später bei der Umsetzung mit der wichtigsten Aufgabe und überprüfen Sie zwischendurch immer wieder die gesetzten Prioritäten.

Persönliche Wege zur Prioritätenfindung

Selbstverständlich können Sie auch ohne Verwendung spezieller Methoden herausfinden, was für Sie wichtig ist. Dafür gibt es viele verschiedene Wege. Denken Sie beispielsweise über Ihre Träume nach. Die nächtlichen und die Tagträume. Schreiben Sie auf, was Ihnen dazu einfällt. Oder schauen Sie in Ihre alten Tagebücher und überlegen, was Sie vor fünf, zehn oder zwanzig Jahren mit Ihrem Leben vorhatten. Was ist daraus geworden?

Jeder Mensch hat ganz eigene Prioritäten und kann mit denen anderer Leute wenig anfangen, denn Wünsche und Ziele lassen sich glücklicherweise nicht so einfach übertragen. Wenn wir uns um die wichtigen Dinge rechtzeitig kümmern, werden wir weniger Probleme mit Fragen der Dringlichkeit bekommen. Kurioserweise gehören zu den Aktivitäten, die weder wichtig noch dringend sind, oft solche, die Spaß machen und nicht direkt zum Erfolg beitragen. In ruhigen Zeiten sollten wir uns diesen Spaß nicht versagen, denn er kann auch die Motivation für die wichtigen Aufgaben fördern. Wie gesagt, es geht um die bewusste und richtige Auswahl und Steuerung von Aktivitäten und Aufgaben. Sie sollen nicht zur Fracht, sondern zum Kapitän Ihres Schiffes werden.

Übung: »Mein Nachruf (probehalber)«
Eine interessante Möglichkeit, um herauszufinden, was einem persönlich wichtig ist, bietet der Versuch, einen Nachruf auf sich selbst zu schreiben:

- Was soll über mich gesagt werden?
- Wer soll es sagen?
- Wie würde diese Person es ausdrücken?

Wenn Sie über diese Fragen ernsthaft nachdenken, trennt sich ganz schnell die Spreu vom Weizen, und Sie bekommen ein sicheres Gefühl für die Dinge, die in Ihrem Leben eine wichtige Rolle spielen sollten. Seien Sie ehrlich mit sich selbst, wenn Sie nun noch einen Schritt weitergehen und überlegen:

- Wie sieht es jetzt aus, bin ich mit dem beschäftigt, was mir am meisten bedeutet?
- Ist es sinnvoll, wie bisher weiterzumachen, oder sollte ich etwas ändern?
- Was kann ich konkret tun, um mich mehr mit den mir wichtigen Dingen zu beschäftigen?

Umsetzung – Worauf muss ich achten?

Bei der Umsetzung von Aufgaben, die wir uns im Zuge der ganzheitlichen Lebensgestaltung gestellt haben, sollten wir uns stets bemühen, unsere eigenen Werte und Ziele nicht aus den Augen zu verlieren. Allzu leicht holt uns nämlich der Alltag ein. Vergessen ist die Dramatik des letzten Ehekrachs, der Magen hat sich auch wieder beruhigt, und die Bequemlichkeit tut ihren Teil dazu. Auch wenn sich nach einer Weile alles wieder ganz okay anfühlt, sollten Sie wissen: In Ihnen tickt eine Zeitbombe, solange die Probleme nicht gelöst sind und sich in den von einer negativen Energiebalance betroffenen Lebensbereichen nicht dauerhaft etwas Entscheidendes verändert hat.

Aber selbst wenn Sie fleißig waren, Ihr Bestes gegeben haben, um die Situation in den Griff zu bekommen, und vom Erfolg belohnt wurden, ist das keine Garantie dafür, dass nicht wieder neue Probleme auftauchen können. Denn sicher ist: Unsere Lebensumstände verändern sich fortwährend, ob wir nun wollen oder nicht. Auch unsere Persönlichkeit verändert sich im Laufe der Jahre stetig. So kann es passieren, dass zwei Menschen, die sich jahrelang bestens verstanden haben, auf einmal wie Fremde voreinander stehen. Was ist passiert? Nun, die beiden haben sich einfach verändert, und die alten Verhaltensmuster funktionieren nicht mehr. Es ist an der Zeit, sich neu zu arrangieren und die Veränderungen in das gemeinsame Leben zu integrieren – soweit die Betroffenen dazu bereit sind.

Sie sehen, eigentlich bräuchten wir eine Art Aufpasser, der uns rechtzeitig Bescheid gibt, wenn sich in einem Lebensbereich eine Krise anbahnt, damit wir reagieren können, bevor es zu spät ist. Aber leider wird niemand bereit sein, diese Aufgabe für uns zu übernehmen. Das müssen wir schon selbst tun. Und das können wir auch! Wie? Nun, fragen Sie sich einfach bei jeder Entscheidung oder Veränderung: Will ich das überhaupt? Wie fühle ich mich damit? Entspricht das meinen Werten? Was wünsche ich mir, was habe ich für Ziele? Was ist mir bei diesem Gespräch oder dieser Situation wichtig? Worauf lege ich besonderen wert? Was habe ich mir vorgenommen, und wo stehe ich jetzt?

Halten Sie sich regelmäßig Ihre Ziele vor Augen und setzen Sie sich mit Ihren Werten auseinander. Versuchen Sie, aktiv Impulse zu geben und selbstbestimmt zu handeln, anstatt in erster Linie auf Reize von außen zu reagieren. Dieses Vorgehen ist auch bei der Auseinandersetzung mit der neuen Rolle im Ruhestand wichtig.

Nehmen Sie sich regelmäßig Zeit für sich selbst und gewinnen Sie Abstand zum Alltag. Überprüfen Sie von Zeit zu Zeit Ihren Energietank, und werfen Sie ab und zu einen Blick auf Ihren Lebenskompass: In welche Richtung zeigt die Nadel?

Lernen Sie, bewusster zu leben. Horchen Sie aufmerksam, aber nicht ängstlich in sich hinein und nehmen Sie die Signale Ihrer Seele ernst. Vertrauen Sie Ihrer Intuition, besonders bei wichtigen Entscheidungen. Setzen Sie sich regelmäßig mit Ihrer Umgebung und Ihren Mitmenschen auseinander und vermeiden Sie es, achtlos nebeneinanderher zu leben. Bewegen Sie sich körperlich und geistig und essen Sie gesund und mit Freude. Geben Sie sorgsam mit sich selbst und anderen Menschen um.

Trennen Sie sich von Dingen, die Sie nicht wirklich brauchen, und befreien Sie sich von energie- und zeitraubenden Einflüssen, soweit das möglich ist. Dadurch wird neue Energie freigesetzt, die Sie für die Verwirklichung Ihrer persönlichen Ziele benötigen. Bringen Sie so viel Ordnung in Ihr Leben, wie Sie brauchen, um sich wohl zu fühlen. Das erleichtert den Überblick, und Sie merken schneller, wenn etwas nicht stimmt.

Möglicherweise hilft es Ihnen, wenn Sie sich für die angestrebte Lebensbalance ein Symbol aussuchen, das Sie im Alltag an diese Aufgabe erinnert. Das könnte zum Beispiel ein schöner Stein oder ein Andenken sein, aber auch ein Gegenstand, der Sie an eine bestimmte Situation erinnert, in der Sie besonders glücklich waren oder sich entschieden haben, Ihr Leben zu ändern. Geben Sie diesem Gegenstand einen zentralen Platz in Ihrer Wohnung, damit er Sie immer wieder daran erinnert, achtsam mit sich umzugehen.

Wie auch immer Sie es anpacken – die besten Lebenskonzepte sind nichts wert, wenn sie nicht mit Ihrer Persönlichkeit in Übereinstimmung gebracht werden können. Das, was für andere Menschen hervorragend funktioniert, muss noch lange nicht auch für Sie geeignet sein. Finden Sie schrittweise heraus, was am besten zu Ihnen passt und mit Ihrem Leben vereinbar ist. Machen Sie es sich aber nicht zu leicht: Veränderungen sind anfangs immer schwer umzusetzen und werden oft begleitet von Konflikten mit der Umgebung. Wenn Sie also etwas in Ihrem Leben zum Besseren verändern wollen, wird Sie das einige Mühe kosten und auch Unannehmlichkeiten mit sich bringen.

Konstruktiv ist es, wenn Sie sich mit anderen Menschen, z. B. guten Freunden, austauschen. Dabei sollten

Sie aber nicht vergessen, dass diese wiederum eine ganz eigene Sicht auf die Dinge haben, die Ihnen nicht unbedingt weiterhilft. Der Austausch führt jedoch dazu, dass Sie ihre eigenen Gedanken ordnen und dadurch mehr Klarheit gewinnen.

Berücksichtigen Sie also bei der Entwicklung Ihres Lebenskonzeptes stets Ihre höchst individuellen Voraussetzungen und Lebensbedingungen.

Dabei kann Ihnen auch sehr gut ein professioneller Coach oder Therapeut helfen, der aus einer neutralen Position heraus agiert. Mit ihm können Sie beispielsweise Ihre persönlichen Glaubenssätze und Probleme klären, individuelle Werte und Ziele definieren und Vorgehensweisen erörtern. Gemeinsam werden Sie dann ein Konzept entwickeln, das zu Ihnen passt.

Übung: »Ziele erreichbar machen«

Diese Übung ist besonders geeignet für Ziele, deren Umsetzung mit einem gewissen Aufwand verbunden ist und nicht ohne Planung angegangen werden kann. Sie haben ja in den vorigen Übungen bereits die wichtigsten Aufgaben für Ihre Zielerreichung definiert, die besten Lösungen herausgearbeitet und die anstehenden Dinge nach Wichtigkeit geordnet. Jetzt geht es darum, eine realistische Einschätzung vorzunehmen, um Ihr Ziel auch wirklich zu erreichen. Hierbei können folgende Schritte hilfreich sein:

- Begründung für die getroffene Zielauswahl
- Aufstellung der benötigten Mittel (Zeit, Personen, Material, Geld)
- Schätzung des Zeitaufwands

- mögliche Risiken
- Auswirkungen, die vermieden werden sollen
- besondere Rahmenbedingungen, die beachtet werden müssen

<u>Als Partnerübung</u>: Diskutieren Sie über Ihre Pläne. Sind sie realistisch?

Hindernisse überwinden – Wie gehe ich mit Blockaden und Störungen um?

Wenn Sie sich erst einmal auf den Balanceprozess eingelassen haben, werden Sie feststellen, dass es oft gar nicht so leicht ist, die eigenen Vorstellungen vom richtigen Leben in die Tat umzusetzen, denn dabei stoßen wir immer wieder auf Hindernisse. Zum einen sind das Störungen, die von außen auf uns wirken, andererseits stehen wir uns manchmal durch falsche Glaubenssätze und Denkblockaden aber auch selbst im Weg.

Wenn wir etwas in unserem Leben ändern, kommt Bewegung in das gesamte Arrangement. Davon sind auch die Menschen betroffen, die uns nahestehen. Sie spüren die Veränderung und fühlen sich dadurch möglicherweise verunsichert oder geängstigt. Die Reaktion kann dann Unverständnis, Abwehr oder sogar Aggression sein. Deshalb ist es wichtig, dass wir mit unserer unmittelbaren Umgebung sprechen und gemeinsam nach Lösungen suchen.

Ein großes Problem stellen in diesem Zusammenhang für die meisten von uns – vor allem in Phasen mit hoher

Stressbelastung – die eigenen Denkblockaden dar. Systematisch und unter Einsatz raffinierter Methoden versuchen wir uns selbst klarzumachen, dass es keinen Sinn hat, etwas zu verändern, weil dieses oder jenes dagegenspricht. Der Mensch ist äußerst geschickt in der Selbstmanipulation, leider auch im negativen Sinne. Könnten wir uns besser positiv manipulieren, hätten wir viele Probleme schlichtweg nicht. Aber das würde ja heißen, »sich etwas vorzumachen«, oder?

Übung: »Denkblockaden«
Nachfolgend finden Sie ein paar typische »Argumente«, mit denen wir unser Denken selbst blockieren und uns den Balanceprozess erschweren:

- »Ich kann die Dinge ja doch nicht ändern!«
- »Ich traue mich einfach nicht, mir ist das auch ein wenig peinlich vor den anderen.«
- »Ich schaffe das nicht.«
- »Das kann ich nie!«
- »Ich habe keine Zeit dazu.«
- »Eigentlich ist ja alles gut so, wie es ist. Warum sollte ich etwas ändern?«

Finden Sie Beispiele aus Ihrem eigenen Leben, in denen Sie auf solche Blockaden gestoßen sind, bei sich oder bei anderen. Was waren das für Situationen? Wie war die Vorgeschichte, und welche Voraussetzungen spielten eine Rolle? Wie sind Sie damit umgegangen? Wurde eine Lösung gefunden? Und aus heutiger Sicht: Was hätten Sie anders machen können?

Denkblockaden lösen

Für die Überwindung von Denkblockaden ist es hilfreich, sich selbst ein paar kritische Fragen zu stellen. Im Folgenden werden die in der Übung aufgeführten typischen Denkblockaden kommentiert, mit dem Ziel, sie aufzulösen und den Balanceprozess wieder in Gang zu bringen.

»**Ich kann die Dinge ja doch nicht ändern**«

Haben Sie es denn schon probiert? Welche Erfahrungen veranlassen Sie zu dieser Annahme? Sind es ernst zu nehmende Erfahrungen? Hatten Sie Hilfe, oder haben Sie es allein versucht? Wie gut waren Sie vorbereitet? Sie werden sehen, es ist mehr möglich, als Sie denken.

»**Ich traue mich einfach nicht, mir ist das auch ein wenig peinlich vor den anderen**«

Was haben Sie zu verlieren? Haben Sie schon alle Möglichkeiten durchgespielt? Nur wenn Sie bereit sind, vertrautes Terrain zu verlassen, können Sie neues Land erobern. Sie können neue Erfahrungen machen und werden für Ihren Mut von anderen Anerkennung bekommen, wenn natürlich auch nicht von allen. Vielleicht sprechen Sie erst einmal mit einigen Leuten. Holen Sie Informationen ein, suchen Sie Präzedenzfälle. Aber nur wenn Sie bereit sind, die eigene Schwelle zu übertreten, werden Sie die Welt außerhalb Ihres Hauses kennen lernen können. Und lassen Sie die anderen doch denken, was sie wollen. Das tun sie ohnehin.

»**Ich schaffe das nicht**«

Vielleicht wollen Sie zu viel auf einmal? Versuchen Sie, Ihr Ziel in kleinere Schritte zu zergliedern, am besten so, dass Sie sofort beginnen können. Die Tour de France wird ja schließlich auch in Etappen und nicht am Stück gefahren. Fangen Sie mit den Dingen an, die Sie sich zutrauen, verschaffen Sie sich einen Überblick über die Gesamtsituation und heben Sie sich schwierigere Schritte ruhig für später auf, wenn Sie sich sicherer fühlen.

»Das kann ich nie«

Sie werden lernen müssen, an sich zu glauben, wenn Sie etwas verändern wollen. Denken Sie an Situationen, die Sie erfolgreich gemeistert haben, obwohl Sie vorher nicht wussten, wie Sie sie lösen sollten. Versuchen Sie, sich vorzustellen, was es für ein Gefühl sein wird, wenn Sie die Aufgabe bewältigt haben. Was wird anders sein? Und wie werden Sie selbst sein? Was für ein Bild entsteht in Ihrem Kopf, wenn Sie sich nach dem Erfolg sehen? Vielleicht können Sie es konkretisieren und ausmalen.

»Ich habe keine Zeit dazu«

Das mag sein. Aber wie wichtig sind Ihnen andere Dinge, in die Sie Zeit investieren? Wenn Sie das betreffende Thema wirklich so beschäftigt, dann sollte es Ihnen auch wichtig genug sein, um sich Zeit dafür zu nehmen. Spielt hier nicht auch eine gewisse Bequemlichkeit hinein? Auf welche andere Beschäftigung könnten Sie zumindest vorübergehend verzichten, wo könnten Sie Zeit gewinnen?

»Eigentlich ist ja alles gut so, wie es ist«

Warum lesen Sie dann diese Zeilen? Warum tragen Sie dann in sich den Wunsch nach Neuem, nach Veränderung? Ist Ihre Verbindung zu dem Alten, Bekannten wirklich stärker als das Bedürfnis, sich weiterzuentwickeln?

Wenn Sie Ihr Leben ändern möchten, brauchen Sie ein hohes Maß an Frustrationstoleranz, um die schwierigen Zeiten zu überstehen, in denen es so aussieht, als steckten Sie fest, als würde sich das Ganze nicht weiterentwickeln.

Tatsächlich befinden Sie sich zu diesem Zeitpunkt aber unter Umständen in einer Phase des Balanceprozesses, in der Sie Ereignisse und Veränderungen unbewusst »verdauen« und brauchen einfach etwas Geduld und Durchhaltevermögen – vor allem aber den Glauben an sich und Ihre Pläne –, bis Sie die nächste Station erreicht haben. In solchen Momenten tun Sie gut daran, innerlich etwas auf Distanz zu gehen und sich mit anderen Dingen zu beschäftigen.

Gute Lebensgestaltung zeichnet sich immer auch durch eine gewisse Flexibilität und verspielte Leichtigkeit aus. Einerseits benötigen Sie zwar eine gesunde Portion Sturheit, um ein langwieriges Vorhaben erfolgreich durchzustehen, andererseits ist es für den Balanceprozess absolut kontraproduktiv, sich allzu sehr in ein Problem zu verbeißen. Sparen Sie sich diese Energie lieber für die Umsetzung Ihrer Ideen auf! Wenn es so, wie Sie es sich vorgestellt haben, nicht funktioniert, probieren Sie es eben auf andere Weise. Oder Sie befassen sich später noch einmal mit dem Problem. Oder Sie fragen jemanden um Rat.

Denkblockaden entstehen vorzugsweise in einer von Konventionen, Druck und Angst beherrschten Umgebung. Unter solchen Bedingungen ist es einerseits besonders schwierig, andererseits aber auch besonders wichtig, zu innerer Gelassenheit zu finden. Wenn möglich, unternehmen Sie Ihre geistigen Ausflüge in einer entspannten, lockeren, Ihnen sympathischen Umgebung. Sollte das nicht möglich sein, können Sie versuchen, die Störfaktoren zumindest vorübergehend auszublenden. Aber erwarten Sie keine Wunder, denn Ihr Unterbewusstsein registriert genau, was nicht stimmt.

Veränderungen bewältigen –
Wie behalte ich den Blick fürs Ganze?

Wenn sich Bedingungen ändern, müssen wir reagieren. Niemand anders als wir selbst kann die Aufgabe lösen, unsere Lebensplanung an die Umstände und Wendungen unseres Lebens anzupassen. Veränderungen können Freude und Erfüllung bedeuten, bringen manchmal aber auch Verunsicherung mit sich und lösen Ängste aus. Nicht jeder mag Veränderungen – manchen wäre es lieber, wenn alles immer so bliebe, wie es ist. Vielleicht liegt ein gewisses Unbehagen im Umgang mit Veränderungen ja in der Natur des Menschen. Andererseits passieren sie nun einmal, und wir haben keine andere Wahl, als uns darauf einzustellen und angemessen damit umzugehen. Tun wir das nicht und ignorieren wir den Wandel, sind Probleme vorprogrammiert, stoßen wir schnell an Grenzen.

In jeder Veränderung liegt auch immer die Chance zur Verbesserung einer Situation. Insbesondere gilt das für die eigene Lebensgestaltung, diesen von Natur aus dynamischen Prozess. Wir können nicht alle Veränderungen vorhersehen, deshalb sollten wir nicht ängstlich durch die Gegend laufen und ständig darauf warten, dass etwas morgen nicht mehr so sein wird, wie es heute ist. Angemessen mit Veränderungen umzugehen, bedeutet, die Wendungen des Lebens aufmerksam zu betrachten und herauszufinden, welche Folgen sie für uns persönlich haben.

Dinge, die wir nicht ändern können, sollten wir lernen zu akzeptieren, denn wer die Ereignisse des Lebens in Demut und Dankbarkeit annimmt, hat es leichter als jemand, der über alles selbst bestimmen, alles unter Kontrolle behalten will. Dort, wo wir Einfluss ausüben können, sollten wir die Gestaltungsmöglichkeiten jedoch in unserem Sinne nutzen. Wenn wir unter bestimmten Faktoren, die wir nicht beeinflussen können, sehr leiden, ist es besser, zu überlegen, wie wir uns von ihnen befreien können. Denken Sie aber daran: Sie müssen nicht alle Probleme allein bewältigen. Warum sich nicht helfen lassen oder etwas gemeinsam durchstehen? Behalten Sie bei alledem stets Ihre mittel- und langfristigen Ziele im Auge und orientieren Sie sich eher an den längeren Distanzen als am aktuellen Tagesgeschehen. Das wird der Umsetzung Ihrer Wünsche in Zeiten der Veränderung zugutekommen.

KAPITEL 16

DIE LEBENSBEREICHE GEZIELT GESTALTEN

Bei der Umsetzung des Balanceprozesses müssen wir sowohl die konkrete Altersphase berücksichtigen, in der wir uns gerade befinden, als auch die verschiedenen Lebensbereiche. Im Folgenden sollen noch einmal einige Besonderheiten angesprochen werden, die für die einzelnen Lebensbereiche am Übergang Beruf-Alter charakteristisch sind.

Arbeit, Beruf und nachberufliche Aktivitäten

> Meine Arbeit gibt mir Sicherheit, das Leben verunsichert mich eher.
> *Marcello Mastroianni,*
> *italienischer Filmschauspieler*

In jedem Beruf gibt es positive Anforderungen und negative Belastungen. Allerdings sollten die positiven Einflüsse gegenüber den belastenden Faktoren überwiegen, zumindest sollte das Verhältnis ausgewogen sein. Ist das nicht der Fall, bekommen wir irgendwann die Auswirkungen zu spüren: Distress (negativer Stress), Lustlosigkeit, Leistungsabfall, ungelöste Konflikte, Krankheit. Gerade die letzten Jahre vor dem Ausscheiden aus dem Berufsleben können zur Belastung werden, wenn die persönliche Einstellung und die Rahmenbedingungen nicht »stimmen«. Auch nach der Pensionierung ist eine bewusste Auseinandersetzung mit diesem Thema wichtig, denn manchmal wird wieder irgendeine Form von Erwerbstätigkeit aufgenommen oder die freie Zeit mit neuen, berufsähnlichen Inhalten gefüllt (Professionalisierung ehemaliger Hobbys, Ehrenamt, Mandatsarbeit, soziale Tätigkeit, neues Studium o.Ä.).

Viele Menschen haben das Gefühl, zu viel zu arbeiten. Aber was ist zu viel? Wie lässt sich das richtige Maß an Arbeit bestimmen? Das hängt von vielen Faktoren ab. Zunächst einmal ist natürlich das subjektive Gefühl wichtig. In dem Zusammenhang kann es sinnvoll sein, einen differenzierten Blick auf die Arbeitsplatzsituation zu werfen, um die eigene Wahrnehmung zu überprüfen. Auch wenn Sie während oder im Zusammenhang mit der Arbeit deutliche Stresssymptome wie Magenschmerzen, Kopfschmerzen, Rückenschmerzen, Verspannungen, Ohrgeräusche usw. spüren, sollten Sie sich Gedanken machen, woran das liegen könnte. Haben Sie zu viel Arbeit? Ist es die falsche Arbeit? Gibt es Konflikte mit Kollegen oder Kunden? Oder haben die Symptome möglicherweise gar nichts mit der Arbeit zu tun?

Das richtige Maß an Engagement wird Sie fordern, aber nicht über- oder unterfordern. Das gilt in der nachberuflichen Zeit ebenso wie im Erwerbsleben. Mengenmäßig sollte die Aufgabenfülle handhabbar sein, d.h., man sollte den Überblick behalten und die Anforderungen im

Einklang mit den anderen Lebensbereichen bewältigen können. Zu viel Arbeit ist es, wenn Sie die Kontrolle verlieren und überfordert sind, zu wenig, wenn Sie sich nicht ausgelastet fühlen. Oft ist es aber auch eine Frage der Selbstorganisation, ob wir unser Arbeitspensum bewältigen. Mit einer guten Prioritätensetzung etwa fällt es uns leichter, die wichtigen Aufgaben zu erkennen und uns Freiräume zu schaffen.

Im Zusammenhang mit unserer Lebenszufriedenheit sollten wir uns einmal vor Augen halten, wofür wir eigentlich arbeiten oder gearbeitet haben. Was treibt uns an, wenn wir morgens ins Büro fahren? Und was motiviert uns für den Tag, wenn wir das nach der Pensionierung nicht mehr tun?

Übung: »Wofür arbeite ich/habe ich gearbeitet?«
Schreiben Sie in Stichworten auf, was Ihnen in Bezug auf Ihre Arbeit wichtig ist, was Sie motiviert und warum Sie überhaupt arbeiten bzw. gearbeitet haben.

Nachdem Sie sich überlegt haben, was Ihnen bei Ihrer Arbeit wichtig ist oder war, fragen Sie sich nun, wie Sie diesen Bedürfnissen auch ohne die bisherige Arbeit in ausreichendem Maße entsprechen können. Wobei sich natürlich die Frage stellt, ob Sie das überhaupt wollen. Gibt es für Sie andere Wege, Zufriedenheit zu erlangen? Welche Beschäftigung könnte Ihnen geben, was Sie brauchen?

Negative Belastungen reduzieren
Negative Belastungen, auf die wir Einfluss haben, sollten wir versuchen zu reduzieren. So können wir uns beispielsweise fragen, welche Stressfaktoren vermeidbar sind und

wie wir konstruktiv mit den unvermeidlichen umgehen können.

Um herauszufinden, wo genau der Schuh drückt, ist es hilfreich, sich die gegenwärtige Arbeitssituation zunächst einmal auf so etwas wie Grundzufriedenheit hin anzusehen und sich zu fragen, ob eine Balance zwischen positiven und negativen Einflüssen vorhanden ist. Danach sollten dann die vorhandenen Belastungsfaktoren im Hinblick auf Stärke, Häufigkeit ihres Auftretens usw. analysiert werden.

Übung: »Negative Arbeitsbelastungen erkennen«
Denken Sie über Ihre gegenwärtige Arbeitssituation nach und beschreiben Sie, welche Faktoren Sie als belastend empfinden. Das können Personen, äußere Umstände oder wiederkehrende Ereignisse sein.

Im zweiten Schritt erstellen Sie ein Wochenprofil, um herauszufinden, an welchen Tagen die Belastungen besonders stark sind, welche Tage zufriedenstellend verlaufen und ob es Dauerbelastungen gibt, die sich durch die gesamte Woche ziehen. Dieses Profil kann Ihnen Hinweise darauf geben, wo die Ursachen für Ihre Probleme liegen, vielleicht sind sogar Lösungsansätze erkennbar.

Die Arbeitssituation verbessern
Als Nächstes wollen wir überlegen, wie sich die belastende Situation verbessern ließe. Dafür gibt es im Wesentlichen vier Ansatzpunkte:

- die Arbeitsstrukturen
- die eigene Einstellung

- das Arbeitsumfeld
- die Vermeidung von Distress

Doch zunächst sollten wir uns fragen, ob unsere Frustration so gravierend und unsere Jobzufriedenheit so gering ist, dass ein Arbeitsplatzwechsel oder das (vorzeitige) Ausscheiden aus dem Erwerbsleben eine ernsthafte Alternative darstellt. Prüfen Sie, was Ihnen fehlen könnte, wenn Sie den Arbeitsplatz wechseln oder ganz aufgeben würden.

Sollten Sie zu dem Entschluss kommen, dass es besser wäre, an Ihrer derzeitigen Stellung festzuhalten, lohnt sich eine genauere Auseinandersetzung mit den Ursachen Ihrer Unzufriedenheit. Die am häufigsten genannten Gründe sind ständige Über- oder Unterforderung, zu wenig Entscheidungs- und Entwicklungsmöglichkeiten, falsche Arbeitsorganisation und schlechte Bezahlung.

Untersuchen Sie anhand Ihrer Belastungsfaktoren, welche dieser Punkte auf Sie zutreffen, wie schwer die Probleme wiegen und wie sie sich auf Ihre anderen Lebensbereiche auswirken. Anschließend überlegen Sie, welche Gegenmaßnahmen Sie ergreifen könnten. Finden Sie Lösungen, erstellen Sie einen Maßnahmenkatalog und sprechen Sie mit Ihrem Vorgesetzten oder Ihren Mitarbeitern darüber.

In diesem Zusammenhang hilft Ihnen vielleicht ein Spruch aus der Motivationslehre: »Change it, love it or leave it.« Überlegen Sie also als Erstes, was Sie ändern können, um mehr Zufriedenheit zu erlangen. Wenn sich die Strukturen nicht ändern lassen, entscheiden Sie, ob Sie das akzeptieren und sich daran gewöhnen können. Vielleicht entdecken Sie auf Dauer sogar positive Aspekte. Wenn die

Situation für Sie aber weiterhin belastend ist, sollten Sie Konsequenzen ziehen und sich davon befreien.

Weihen Sie zunächst nur Ihnen vertraute Personen in Ihr Vorhaben ein, sonst kann es sein, dass Ihre Pläne durchkreuzt werden. Wenn Sie sich genügend vorbereitet haben, sprechen Sie auch mit den betreffenden Kollegen oder Mitarbeitern über Ihre Unzufriedenheit und Ihre Änderungsvorschläge.

Mit einer positiven Einstellung lässt sich das Ausmaß des Leidens trotz äußerer Belastungen erheblich reduzieren. Versuchen Sie, etwas Abstand zu gewinnen, und fragen Sie sich, ob Ihre anderen Lebensbereiche nicht mindestens genauso wichtig sind. Versuchen Sie, die Dramatik der Situation realistisch zu betrachten, und steuern Sie mit positiven Erlebnissen in anderen Lebensbereichen gegen. Nehmen Sie bewusst auch kleine Schritte in die richtige Richtung wahr und konzentrieren Sie sich auf die Erfolge bei der Arbeit. Versuchen Sie, sich über das zu freuen, was Sie haben, und nicht nach dem zu suchen, was fehlt. Das alles entbindet Sie zwar nicht von der Notwendigkeit, sich mit den vorhandenen Problemen auseinanderzusetzen und Lösungen zu suchen. Aber mit einer optimistischen Grundeinstellung wird Ihnen das wesentlich leichter gelingen.

Belastende Arbeitsbedingungen und übermäßigen Stress müssen Sie nicht unbedingt allein tragen. Stärken Sie Ihr soziales Umfeld am Arbeitsplatz rechtzeitig, und vermeiden Sie es, sich abzuschotten. Gemeinsam lassen sich viele Probleme besser bewältigen. Sprechen Sie mit Kollegen oder Bekannten, zu denen Sie Vertrauen haben. Bauen Sie Brücken und bilden Sie Gemeinschaften. Unterstützen Sie auch andere bei deren Vorhaben. Seien Sie freundlich und selbstbewusst im Umgang und sprechen Sie nicht nur über Probleme, sondern auch über Gemeinsamkeiten und Erfolge. Auf diese Weise stärken Sie das Wir-Gefühl und bekommen selbst auch mehr Unterstützung.

Wenn Sie sich mit den Grundlagen von Kommunikation sowie mit den Themen Beziehungs- und Konfliktmanagement beschäftigen (z.B. in einem Seminar oder anhand von Büchern), werden Sie gerade in den persönlichen Beziehungen am Arbeitsplatz profitieren. Ein stabiles soziales Arbeitsumfeld erleichtert Ihnen sowohl das Vorgesetztengespräch als auch den Umgang mit schwierigen Mitarbeitern.

Negativer Stress am Arbeitsplatz entsteht meist dann, wenn Anforderungen und Fähigkeiten bzw. Kapazitäten in einem Missverhältnis zueinander stehen. Solange das Gefühl überwiegt, alles im Griff zu haben, können wir auch ein großes Arbeitspensum bewältigen. Verlieren wir jedoch den Überblick, geraten wir unter Druck, was wiederum zu Fehlern und Leistungseinbußen führt. Dann kann sich schnell eine Spirale entwickeln, in deren Verlauf der Druck immer weiter steigt und die Erfolge abnehmen. Am Ende steht dann Frustration und Hilflosigkeit. Diesem Teufelskreis begegnen Sie am besten mit einer guten Zeitplanung, mit Teamarbeit, einer professionellen Meeting-Kultur und vorausschauendem Projektmanagement. Planen Sie Pufferzeiten ein, denken Sie (auch auf der persönlichen Ebene) mittel- und langfristig und treffen Sie Entscheidungen zielorientiert. Wichtig sind auch eine regelmäßige Erfolgskontrolle und das Ausstreichen erledigter Aufgaben, damit wieder Freiräume entstehen. Prüfen

Sie Ihr Wochenprofil auf Stressfaktoren und überlegen Sie, was Sie in Zukunft anders machen können.

Nun werden Sie vielleicht denken: »Das kenne ich ja alles schon, und ehrlich gesagt, ich habe genug davon! Außerdem frage ich mich, warum ich mir in den letzten Jahren noch so einen Stress machen soll.« Genau diese Haltung ist aber mitverantwortlich dafür, dass die letzten Jahre im Job oft so belastend sind. Man hat innerlich bereits aufgegeben (innere Kündigung), läuft im Betrieb jedoch noch mit. Weil die persönliche Motivation auf einem Tiefstand angekommen ist und die Erkenntnis fehlt, dass strukturiertes Arbeiten nicht nur langfristig etwas bringt, sondern auch die täglichen Arbeitserfahrungen positiv beeinflusst, erleben viele ältere Beschäftigte die letzten Berufsjahre als Frust.

Ein wichtiger Ansatzpunkt zur Reduzierung von negativem Stress am Arbeitsplatz ist auch die Prioritätensetzung. Suchen Sie sich zukünftig ganz bewusst mehr Aufgaben aus, die möglichst viel von dem enthalten, was Ihnen wichtig ist, und geben Sie im Gegenzug Aufgaben ab, die zu wenig davon bieten. Lernen Sie außerdem, auch einmal Nein zu sagen, wenn Sie mit Aufgaben belegt werden sollen, die nicht zu Ihrem Tätigkeitsbereich gehören. Das lässt sich nicht immer so leicht realisieren, vor allem, wenn Sie ein engagierter Mensch sind, dem es ja nicht um Arbeitsverweigerung geht. Andererseits schadet es Ihrer Motivation und Ihrer Leistungsfähigkeit, wenn Sie unzufrieden sind. Am besten, Sie üben das Nein-Sagen und Delegieren zunächst bei weniger wichtigen Angelegenheiten. Wenn Sie sich nach einer Weile sicher damit fühlen, können Sie auch größere Aufgaben abgeben. Versäumen

Sie aber nicht, Ihrem Umfeld deutlich zu machen, dass Ihr verändertes Delegationsverhalten nichts mit Bequemlichkeit oder Desinteresse zu tun hat, sondern im Gegenteil einer Optimierung der Arbeitsabläufe dient und zum Wohle des Unternehmens geschieht (natürlich dient es ebenso Ihrem persönlichen Wohlbefinden).

Dass hier auch Ängste und Unsicherheiten eine Rolle spielen, ist ganz normal. Wer möchte nicht einen guten Eindruck machen und sich prima mit den Mitarbeitern oder Vorgesetzten verstehen? Nur, was nützt das, wenn am Ende Sie selbst derjenige sind, der die Probleme hat? Niemand wird dafür Sorge tragen, dass Sie mit Ihrer Arbeit zufrieden und glücklich sind. Das müssen Sie schon selbst tun. Mehr noch: Wenn Sie sich nicht mitteilen, wird man davon ausgehen, dass alles in Ordnung ist, und Sie wie gewohnt weiter belasten. Und dann sind alle irritiert, wenn Ihre Leistung plötzlich nachlässt oder Sie überreagieren, wenn jemand etwas von Ihnen möchte.

Falls Sie befürchten, durch das Streben nach mehr Balance im beruflichen Bereich Ihrer Karriere zu schaden, sollten Sie noch einmal einen Blick auf Ihre Werte werfen. Was ist Ihnen wirklich wichtig? Stellen Sie sich vor, Sie wären bereits neunzig Jahre alt, und fragen Sie sich, was Sie rückblickend anders machen würden. Ein Unternehmen, das sich gegenüber konstruktiven Lebenskonzepten der eigenen Mitarbeiter nicht aufgeschlossen zeigt, verschenkt ein riesiges Potential an Motivation und Energie. Das gilt besonders im Hinblick auf ältere, erfahrene Menschen. Ein kluger Vorgesetzter weiß, dass er mit zufriedenen und motivierten, also leistungsfähigen Mitarbeitern bessere Ergebnisse erzielt, einen niedrigeren Krankenstand hat und vor allem viel Geld spart. Sollte diese Erkenntnis in Ihrem Unternehmen bisher keine Beachtung finden, versuchen Sie doch, mit den Zuständigen darüber zu reden. Vielleicht können Sie sogar ein Projekt zu diesem Thema initiieren. Wenn das alles auf Ablehnung und Unverständnis stößt, überlegen Sie vielleicht, ob das Unternehmen wirklich zu Ihnen passt.

Keine Arbeit mehr – was nun?
Wer seine Rente herbeigesehnt hat, wird jetzt jubilieren. Andere würden gern noch weiterarbeiten, dürfen aber nicht mehr. Alle jedoch werden nach einer Weile feststellen, dass ihnen etwas fehlt. Denn die Arbeit erfüllt nicht nur den Zweck, die finanzielle Versorgung zu sichern, sondern hat nebenbei noch eine ganze Reihe anderer positiver Effekte. Vielen Menschen dient der Beruf als Sinnstifter und legt den Grundstein für ihr Selbstbild. Bei der Arbeit tauschen wir uns mit anderen Menschen aus, haben Erfolgserlebnisse und bekommen das Gefühl vermittelt, gebraucht und geschätzt zu werden. Die Arbeit gibt unserem Alltag Struktur und Orientierung, und das über Jahrzehnte hinweg. Nicht zuletzt zwingt sie uns, unseren »inneren Schweinehund« immer wieder aufs Neue zu überwinden und uns weiterzuentwickeln.

Nun, mit dem Abschied vom aktiven Erwerbsleben, weht ein anderer Wind: Wir wittern das Alter. Diese Erkenntnis trifft viele Menschen zwar in diesem Moment nicht zum ersten Mal, jedoch heftiger als zuvor, denn die Rentenzeit hat in gewisser Hinsicht den Nimbus des Honeymoons vor dem endgültigen Abschied: »sich noch einmal am Lebensabend die wohlverdiente Ruhe gönnen«.

Panikartig wendet sich der Pensionär um und blickt sehnsuchtsvoll zurück auf das Berufsleben. Vergessen sind all die Probleme, der tägliche Leistungsdruck, Ärger mit Mitarbeitern und Kunden, Fremdbestimmung und Stress. Romantisch und verklärt erscheinen die Fabrikhallen vor dem inneren Auge, die Maschinen surren im Takt der Produktion das Lied vom Erfolg, und fröhliche Menschen sprechen sich Bestätigung und Anerkennung zu.

An diesem Punkt fällen wir eine Entscheidung. Wollen wir die nächsten zwanzig Jahre ein Leben zweiter Wahl führen, in ewiger Trauer um vergangene Zeiten? Oder sind wir bereit zu verstehen, dass unser Leben jetzt, genau in diesem Augenblick, stattfindet und dass wir selbst diejenigen sind, die entscheiden, wie es verlaufen soll? Wer von der kommenden Lebensphase noch etwas erwartet, wird in diesem Augenblick zum Manager des eigenen Lebens. Was kann es Schöneres geben?

Das Hobby zum Beruf machen?

Vielen bietet das Ausscheiden aus dem Beruf eine ganz besondere Chance: Ein persönliches Hobby, das mit Interesse und Leidenschaft verfolgt wurde, kann endlich den Raum bekommen, der ihm zusteht. Ohne schlechtes Gewissen darf nun nach Herzenslust gehämmert und gebohrt, gesegelt und Golf gespielt, gelesen und gemalt werden. Manche entwickeln auch den Ehrgeiz, daraus eine zweite Berufung zu machen, und versuchen, sich im semiprofessionellen Bereich zu etablieren. Wenn Sie selbst solche Pläne hegen, überlegen Sie sich vorher genau, welches Ziel Sie damit verfolgen. Dient Ihr Vorhaben nämlich lediglich der Kompensation des weggefallenen beruflichen

Engagements, werden Sie keine wirkliche Befriedigung daraus ziehen und schnell merken, dass im Profilager niemand auf Sie gewartet hat.

Wenn es Ihnen aber um die Sache selbst geht und Sie diesen Traum schon länger in sich tragen, ist es jetzt an der Zeit, den Sprung zu wagen. Setzen Sie sich dabei jedoch nicht allzu sehr unter Druck. Es ist ja nichts gewonnen, wenn Ihnen das Hobby vorher einen positiven Ausgleich verschafft hat und Ihnen nun aufgrund neuen Leistungsdrucks der Spaß daran vergeht. Überlassen Sie das verbissene Ringen um Marktanteile ruhig den Jüngeren und genießen Sie die Vorteile des Alters: Dinge in Ruhe und mit Bedacht tun zu können, ohne dass dauernd jemand mit der Stoppuhr hinter einem steht. Im Falle einer geplanten Selbständigkeit sollten Sie unbedingt einen richtigen Geschäftsplan aufstellen. Informationen dazu bekommen Sie bei den zuständigen Beratungsstellen in Ihrem Wohnort oder im Internet.

Auch die Finanzierung will geklärt sein. Sie werden dabei um ausreichendes Eigenkapital nicht herumkommen, da die Banken immer weniger bereit sind, die berufliche Selbständigkeit von Pensionären mit entsprechenden Krediten zu unterstützen. Auch hier spiegelt sich der Trend zum Jugendwahn in unserer Wirtschaft wider. Diese Dinge müssen und werden sich ändern. Allerdings werden noch einige Jahre vergehen, bis der Wertewandel vollzogen ist. Bis dahin ist es an Ihnen, kreative Geschäftsmodelle zu entwickeln, die es Ihnen ermöglichen, Ihre Erfahrungen und Fachkenntnisse auf dem Markt einzubringen. In jedem Fall wird Ihnen ein gutes Netzwerk helfen, sich zu etablieren, und wenn Sie die ersten eineinhalb

Jahre überstanden haben, beginnt das Geschäft, sich zu stabilisieren.

Lernen im Alter

Eine Besonderheit des engagierten Berufslebens ist die Notwendigkeit, permanent neue Dinge zu lernen. Nicht umsonst ist in diesem Zusammenhang der Begriff »lebenslanges Lernen« entstanden. Lebens- und Arbeitsbedingungen verändern sich andauernd, und der Mensch kann nur durch den Erwerb neuer Kompetenzen die notwendige Anpassungsleistung erbringen. Das schafft einigermaßen Unruhe, ist aber eigentlich gut für uns. Denn auf diese Weise bleibt unser Gehirn gefordert, und wir entwickeln uns weiter, persönlich wie beruflich. Menschen, die geistig lange aktiv bleiben, erreichen oft ein hohes Lebensalter und sind erstaunlich vital.

Der stete Zwang, Neues zu lernen, entfällt mit dem Ausscheiden aus dem Berufsleben. Nun ist es an uns, selbständig neue Lernfelder zu suchen. Tun wir das nicht, kann es passieren, dass wir über kurz oder lang passiv und phlegmatisch werden. Es stellt sich auch wesentlich früher das Gefühl ein, nicht mehr mithalten zu können, und Konzentrations- wie Koordinationsfähigkeit lassen deutlich nach.

Die Möglichkeiten des Lernens im Alter sind enorm vielfältig. Sie können sich z. B. als Gasthörer an einer Universität einschreiben, Kurse an Volkshochschulen und anderen Einrichtungen besuchen, sich im Internet oder im Selbststudium weiterbilden, Sprach- und Computerkurse absolvieren oder neue Sportarten lernen. Von großer Bedeutung ist dabei der regelmäßige Austausch mit anderen

Interessierten. Das hat neben der didaktischen auch eine wichtige soziale Funktion: Sie kommen in Kontakt mit Menschen unterschiedlichen Alters und unterschiedlicher Prägung, können Ihr eigenes Wissen weitergeben und bekommen im Gegenzug einen Eindruck davon, was andere Menschen beschäftigt. So bleiben Sie länger ein aktives Mitglied dieser Gesellschaft, und es besteht nicht die Gefahr, dass Sie, wie so manche, denen es zu anstrengend ist, sich mit der Welt vor ihrer Haustür zu beschäftigen, aufs Abstellgleis geraten. Neugier und Entdeckungslust sind nicht nur Kindern vorbestimmt, sondern bilden eine Grundeigenschaft des Menschen. Fortwährendes Lernen findet auch in der dritten Altersphase statt und schützt uns vor vorzeitiger Vergreisung und Isolation.

Partnerschaft und Familie

Einer Partnerschaft oder Familie gerecht zu werden, bereitet insbesondere Menschen, die im Beruf sehr erfolgreich sind, oft Probleme. Warum, so fragt sich manch einer, gelingt es mir im Arbeitskontext, Verantwortung für Menschen und Dinge zu übernehmen, große Herausforderungen zu bestehen und Konflikte erfolgreich zu meistern, während es sich im Privatleben so schwierig gestaltet? Das liegt zum einen daran, dass in den Beruf normalerweise viel mehr Zeit und Energie fließt als in das Beziehungsleben, insbesondere während der langen und arbeitsintensiven zweiten Altersphase. Würden wir das gleiche Maß an Aufmerksamkeit und Engagement in unser Privatleben investieren, sähe es dort sicher besser aus. Hinzu kommt, dass privat andere Spielregeln gelten und sich die Abläufe deutlich von beruflichen Prozessen unterscheiden. So funktioniert beispielsweise die Kommunikation nach ganz anderen Regeln. Während sie im beruflichen Kontext eher diplomatisch ausgerichtet ist, wird private Kommunikation im Idealfall vorwiegend authentisch betrieben. Das führt zu Irritationen und Missverständnissen, sofern wir uns nicht in beiden Welten sicher bewegen können.

Mit der Pensionierung eines der beiden Partner werden zudem neue Entwicklungsaufgaben an die Beziehung herangetragen, denn in der Regel verbringt das Paar jetzt deutlich mehr Zeit miteinander als zuvor. Es müssen Lösungen gefunden werden für die Neustrukturierung des Tagesablaufs, die Aufgabenverteilung im Haushalt, die Neudefinition der eingespielten Rollen, den Umgang mit Zeit und Geld, mit Ritualen und Routinen – und nicht zuletzt mit der Privatsphäre beider Partner.

Freiräume schaffen für das Beziehungsleben

> Eine Ehe funktioniert am besten, wenn beide Partner ein bisschen unverheiratet bleiben.
>
> *Claudia Cardinale,*
> *italienische Filmschauspielerin*

Beruflicher Stress (dazu gehört auch die Pensionierung!), finanzieller Druck, Krankheiten oder Sinnkrisen wirken sich extrem auf das Beziehungsleben aus. Aber auch schon zu normalen Zeiten fordert die Familie oder der Lebenspartner viel Aufmerksamkeit und Interesse. Wenn wir uns dafür keine Freiräume schaffen und keine Ressourcen bereithalten, können wir aus unserem Privatleben keine Kraft schöpfen, sondern erleben es eher als zusätzliche Belastung. Das führt zu dem absurden Phänomen, dass sich so mancher Manager bei der Arbeit von seiner »stressigen« Familie oder Ehefrau erholt. Andere, die allein leben, lernen nie jemand Neues kennen, weil sie sich immer nur im Büro aufhalten.

Wie wichtig uns unser Beziehungsleben ist, hängt natürlich von den persönlichen Prioritäten ab. Aber wir sollten nicht zu kurzsichtig sein. Werden wir in Zukunft immer noch genauso über unsere Arbeit und unsere Familie denken? Und am Ende unseres Lebens? Was wird übrig bleiben von einem erfüllten Leben, die beruflichen Erfolge oder die persönlichen Beziehungen? Sprechen Sie darüber ruhig einmal mit Menschen, die bereits seit längerem aus dem Berufsleben ausgeschieden sind.

Freiräume für Ihre Beziehung müssen Sie sich manchmal mühsam erkämpfen. Dazu gehört es auch, hin und wieder Nein zu sagen zu anderen Verpflichtungen. Dies fällt insbesondere gegenüber den eigenen Familienmitgliedern schwer, z. B. den alten Eltern oder den Kindern, Enkeln oder anderen Verwandten. Achten Sie darauf, dass Sie sich zwischendurch bewusst Zeit nehmen, um zu zweit in Ruhe Ihr Beziehungsleben zu überdenken. Finden Sie heraus, was Ihnen gemeinsam wichtig ist, und richten Sie sich nicht nur nach den Vorstellungen der anderen.

Wenn es zu chaotisch läuft und Ihr Beruf auch in den späten Jahren noch alles andere zu ersticken droht, führen Sie Regeln ein, damit Ihr Privatleben wieder Struktur bekommt. Treffen Sie ganz bewusst Verabredungen mit Ihren

Kindern, mit Freunden oder Ihrem Partner, und nehmen Sie diese Termine ernst. Nutzen Sie die Chance, gemeinsam zu frühstücken oder anders Zeit bewusst zusammen zu verbringen. Das sind oft Momente, in denen wir uns intensiv austauschen können. Wenn Sie das nächste Mal wieder eine Verabredung mit Ihrem Partner fürs Kino oder ein gemeinsames Essen absagen wollen, überlegen Sie sich vorher, ob es den Preis wert ist. Denn eine Beziehung, um die ich mich nicht kümmere, kann mir auch nicht viel geben.

Probleme gemeinsam bewältigen
Wenn Sie ernsthafte Probleme in der Beziehung zu Ihrem Lebenspartner oder im Verhältnis zu Ihren Kindern feststellen, kommen Sie um eine intensive Auseinandersetzung nicht herum. Reden Sie offen und konstruktiv miteinander, ohne dem anderen Vorwürfe zu machen oder ihn zu verletzen. Konzentrieren Sie sich dabei auf das Verhalten und nicht auf die Person. Es geht also nicht darum, wie jemand *ist*, sondern was einer *tut* (daran kann man leichter arbeiten). Sprechen Sie in Form von Ich-Botschaften, sagen Sie also statt: »Du bist …« oder: »Du machst immer …« lieber: »Ich empfinde …«, »Auf mich wirkt das …«, »Nach meiner Wahrnehmung …« usw. Auch auf Verallgemeinerungen sollten Sie verzichten. Das klingt alles ganz logisch, ist aber im Eifer des Gefechts gar nicht so einfach, vor allem, wenn heftige Gefühle im Spiel sind. Sollten Sie sich mit der Problembewältigung überfordert fühlen, können Sie sich auch helfen lassen, z. B. durch eine Therapie, ein Coaching oder eine Selbsthilfegruppe.

Gehen Sie bei Beziehungsproblemen immer davon aus, dass beide Partner beteiligt sind. Viele Schwierigkeiten entstehen durch eine Kollision von Bedürfnissen, unterschiedlichen Erwartungen und Werten oder auch durch Disbalancen im Leben des einen oder des anderen. Versuchen Sie, die Situation Ihres Partners zu verstehen, und nehmen Sie seine Bedürfnisse ebenso ernst wie die eigenen. Suchen Sie nach Lösungen, die zum Besten beider Beteiligten sind. Und vor allem achten Sie darauf, die Probleme auch wirklich anzugehen und nicht auf Scheineinigungen zu setzen, die einem verständlichen Harmoniebedürfnis entspringen, aber auf Dauer keine Lösung sind.

Es ist nicht nur wichtig, wie viel Zeit wir miteinander verbringen, sondern auch welche Qualität diese Zeit hat. Überprüfen Sie Ihre Zufriedenheit mit Ihrer Partnerschaft doch einmal anhand der folgenden Übung.

Übung: »Partnerschafts-Check«
Überlegen Sie, was Ihnen besonders gut an Ihrer Partnerschaft gefällt. Anschließend fragen Sie sich, was Sie stört bzw. was Ihnen fehlt. Seien Sie dabei ehrlich zu sich selbst und berücksichtigen Sie alle Aspekte. Dazu gehören z. B. Themen wie Gespräche, gemeinsame Unternehmungen, Zärtlichkeit und Sexualität. Jeder Partner sollte das zunächst für sich allein tun. Danach können Sie sich zusammensetzen und sich über die Ergebnisse austauschen. Seien Sie jedoch umsichtig, und denken Sie daran: Der Ton macht die Musik! Es geht hier nicht darum, Kritik am Partner zu üben oder alte Wunden aufzureißen, sondern darum, Ihr Zusammenleben zu verbessern. Wie fällt der Partnerschafts-Check für Sie aus? Gibt es ernstzunehmende Probleme? Falls ja, finden Sie heraus, wo die Ursachen liegen, und schieben Sie die Klärung nicht auf die

lange Bank. Denn wenn Sie zu lange warten, besteht die Gefahr, dass es irgendwann zu spät ist. Vielleicht sind Ihnen gemeinsam aber auch schon Lösungsmöglichkeiten eingefallen?

Anteil nehmen
Wissen Sie, was Ihre Familienmitglieder wirklich denken? Oder gehen Sie selbstverständlich davon aus, dass sie so sind, wie sie von Ihnen wahrgenommen werden? Fragen Sie sie doch einmal ganz direkt nach ihrer Sicht der Dinge.

Anteil zu nehmen bedeutet, sich in andere hineinzuversetzen, zuzuhören und Mitgefühl zu entwickeln. Manchmal helfen schon kleine Gesten, um eine eingefahrene Situation aufzubrechen. Anstatt immer das letzte Wort zu haben, reichen Sie dem anderen doch einfach die Hand, auch wenn es schwerfällt. Bringen Sie Veränderungsbereitschaft mit und haben Sie Geduld, denn gerade im zwischenmenschlichen Bereich geht nicht alles von heute auf morgen. Zeigen Sie Anerkennung und Fürsorge, nehmen Sie Anteil am Leben der anderen und reden Sie mit ihnen. Oftmals kommt es auch darauf an, einfach zuzuhören, ohne gleich eine Antwort oder Lösung parat zu haben.

Haben Sie Verständnis, wenn Ihr Partner sich einmal nicht so einbringen kann, wie er oder sie es gern tun würde. Fragen Sie nach seinen Sorgen und Ängsten. Überlegen Sie miteinander, wie sich die Belastungen reduzieren lassen könnten, und entwickeln Sie gemeinsame Ziele und Werte. Versuchen Sie herauszufinden, welchen positiven oder negativen Einfluss andere Lebensbereiche auf Ihre Beziehung haben. Und nehmen Sie sich immer wieder

Auszeiten nur für Sie beide, um Nähe und Intimität zu erleben.

Wenn kein Partner da ist

Wenn Sie keinen Partner haben, werden Sie sich sicher schon öfters Gedanken darüber gemacht haben, warum das so ist und ob Sie damit zufrieden sind oder nicht. Überprüfen Sie von Zeit zu Zeit Ihre Situation und fragen Sie sich, ob Sie etwas daran ändern wollen. Gelten Ihre »alten« Motive noch? Welche Gründe gibt es für die jetzige Lebensform? Haben Sie sich bewusst dafür entschieden? Oder erleben Sie immer wieder die gleichen Enttäuschungen? Warum ist das so, bzw. was können Sie dagegen tun? Nehmen Sie sich überhaupt die Zeit, jemanden kennen zu lernen? Welche Möglichkeiten haben Sie noch nicht ausprobiert? Was steht Ihnen im Weg?

Wenn Sie gern allein oder ohne feste Beziehung leben, kann es sinnvoll sein, zu überlegen, wie Sie die Zeit mit sich selbst und mit Freunden noch intensiver erleben können. Emotionale Bindungen sind nicht nur in einer Partnerschaft oder Familie möglich. Für viele Singles ist der Freundeskreis zu einer großen Familie geworden, in der die Beziehungen untereinander oft stabiler und befriedigender sind als in mancher traditionellen Familie. Dies zeigt sich gerade in der dritten Altersphase, wenn die beruflichen Kontakte wegfallen: Wer sich bereits vorher um gute Freunde bemüht hat, kann jetzt von einem stabilen sozialen Umfeld profitieren, das von der Familie unabhängig ist. Auch hier können Sie sich fragen: Wie kann ich die Qualität meiner Freundschaften verbessern? Wer kann was einbringen? Wie erlebe ich Gemeinsamkeit?

Wenn es Ihnen in erster Linie um die Beziehung zu Ihrem Kind oder einem Elternteil geht, ziehen Sie auch hier ehrlich Bilanz. Überlegen Sie, wie Sie das Verhältnis in Zukunft besser gestalten können.

Sexualität im Alter
Es gibt keinen Grund, auf Sex zu verzichten, wenn Sie den Wunsch danach verspüren. Im Gegenteil: Sex wirkt sich auch im Alter förderlich auf die Gesundheit und die Beziehung aus. Die Ausschüttung bestimmter Hormone führt zu einem besseren Wohlbefinden, die gemeinsam erlebte Zärtlichkeit und Erotik stärken die Partnerschaft. Allerdings müssen wir uns hier nicht an den Trugbildern orientieren, die schon in jüngeren Jahren in vielen Beziehungen zu Problemen geführt haben. Gerade im fortgeschrittenen Alter sollten wir Sexualität nicht leistungsorientiert betrachten. Nähe, liebevoller Umgang und Körperkontakt sind viel wichtiger als die Häufigkeit des eigentlichen Aktes. Wir brauchen auch nicht auszusehen wie 30-jährige Hollywoodschauspieler, um guten Sex zu haben. Im nachberuflichen Leben sind wir von vielen Stressfaktoren befreit, die uns während der zweiten Lebensphase zugesetzt haben. Es geht nicht mehr um Erfolge, sondern um das Erleben. Auch sind jetzt die Kinder aus dem Haus, wir können uns freier und selbstbestimmter bewegen, haben mehr Zeit und Ruhe. Das eröffnet auch neue Möglichkeiten für die Sexualität. Am besten, Sie finden gemeinsam heraus, was Ihnen Freude macht und gut tut. Aber wahrscheinlich wissen Sie das ohnehin schon lange …

Wenn es Probleme mit der Sexualität gibt, können Sie

sich in den vielfältigen Ratgebern zum Thema »Sexualität im Alter« Anregungen holen oder zu einer Beratungsstelle gehen (z. B. Pro Familia). Auch eine Therapie (vielleicht ja eine Paartherapie) oder eine ärztliche Behandlung können bei psychischen oder körperlichen Problemen helfen.

Körper und Gesundheit

> Der Körper ist der Übersetzer der Seele ins Sichtbare.
> *Christian Morgenstern, Schriftsteller*

Die Themen Krankheit und Gesundheit spielen im Alter eine zunehmend große Rolle. Das liegt vor allem daran, dass unser körperliches Wohlbefinden mit darüber entscheidet, wie viel Bewegungsfreiheit wir haben und ob wir uns wohl fühlen. Auf der einen Seite ist es wichtig, Vorsorge zu treffen und verantwortungsbewusst mit der eigenen Gesundheit umzugehen. Gleichzeitig sollten wir aber nicht ängstlich werden und unser subjektives Körperempfinden von Laborwerten abhängig machen. Betrachten Sie die Auseinandersetzung mit Gesundheitsfragen als Investition in die Zukunft anstatt als Belastung. Vertrauen Sie dabei auch auf den eigenen Verstand und Ihre Intuition und nicht nur auf die Medizin. Im Krankheitsfall ist eine konstruktive Zusammenarbeit mit dem Arzt oder Heilpraktiker aber natürlich der beste Weg, um wieder gesund zu werden.

Der Einfluss von körperlicher Fitness auf die Gesundheit und Leistungsfähigkeit eines Menschen ist nicht zu unterschätzen; dies gilt umso mehr im fortgeschrittenen Lebensalter. Dabei sind unsere geistigen Funktionen vom Stoffwechsel ebenso abhängig wie die körperlichen. Das zeigt sich z. B. in der Erfahrung, dass Menschen, denen Bewegung fehlt, oft Schwierigkeiten haben, sich zu konzentrieren oder zu entspannen. Diese Fähigkeiten sind aber für eine erfolgreiche Lebensgestaltung unabdingbar. Während wir uns nämlich sehr konzentrieren müssen, um ein Problem in seiner ganzen Dimension zu erfassen und später adäquat zu lösen, brauchen wir zwischendurch die Möglichkeit abzuschalten: Wir lösen das Problem, indem wir uns von dem Problem lösen.

Wenn wir krank sind, merken wir, dass uns das Denken und Arbeiten schwerer fällt und wir Schwierigkeiten haben, uns zu motivieren. Das liegt daran, dass unser Körper seine Energie darauf verwendet, das Immunsystem zu versorgen. Körperliche und geistige Arbeit verbrauchen eine Menge Energie. Wenn unser Stoffwechsel aber nicht gut funktioniert oder durch zu langes Sitzen und falsche Ernährung blockiert ist, kann uns der Körper diese Energie nicht in ausreichendem Maße zur Verfügung stellen. Hinzu kommt, dass der Stoffwechsel im Alter ohnehin nicht mehr so reibungslos funktioniert wie in jungen Jahren.

Problematisch ist, dass die heutige Gesellschaft besonders Führungskräften eine ausgeglichene Lebensgestaltung schwer macht. Einerseits wird von ihnen erwartet, dass sie problemlos 50 bis 60 Stunden pro Woche arbeiten, zusätzlich sollen sie nebenbei locker das Familienleben managen, in ihrer »Freizeit« anspruchsvollen Hobbys nachgehen, einen umfangreichen Bekanntenkreis pflegen und dabei topfit und attraktiv aussehen. Ach ja, spirituell zu sein, schadet ebenfalls nicht. Dabei hat der Tag auch für Manager nur 24 Stunden. Auf einmal stehen sie an der Schwelle zur dritten Lebensphase und fragen sich: Was habe ich eigentlich noch für Möglichkeiten?

Letztlich ist es eine Frage der Prioritäten, ob Sie sich abends vor den Fernseher oder in die Kneipe setzen oder ob Sie lieber einen Spaziergang mit Ihrer Frau machen, ob das Wochenende nur aus Verschönerungsarbeiten am Haus besteht oder ob Sie sich auch für sich selbst etwas Zeit nehmen. Das muss gar nicht viel sein. Eine halbe Stunde bis eine Stunde pro Tag, die Sie sich und Ihrem Körper schenken. Wenn Sie das ein paar Wochen »durchhalten«, werden Sie spüren, wie sich Ihr Wohlbefinden und damit auch Ihre mentale Leistungsfähigkeit verbessern. Die so gewonnene Energie wird Ihnen helfen, Ihre Tage frischer, leistungsfähiger und effektiver zu verbringen. Es kann aber nicht darum gehen, sich vorübergehend am Riemen zu reißen und »mal wieder ordentlich Sport zu treiben«, sondern wir sollten uns darüber klar werden, dass regelmäßige Bewegung eine unverzichtbare Säule unserer Gesundheit und unserer mentalen Fähigkeiten ist. In der Regel signalisiert uns der Körper von allein, wann es höchste Zeit wird, etwas für uns zu tun. Rückenschmerzen, Fettpolster, häufige Infekte, allgemeines Unwohlsein und Müdigkeit bedeuten: Runter vom Sofa!

Stress und die Folgen

Sind Sie nur noch mit großer Mühe in der Lage, die Aufgaben in Ihrem Leben zu bewältigen? Kommt Ihnen alles trist und freudlos vor? Sind Sie immer öfter krank? Würden Sie am liebsten alles stehen und liegen lassen und zwei Monate Urlaub machen? Fühlen Sie sich (vielleicht von den Jüngeren) getrieben und gehetzt? Wenn diese Beobachtungen auf Sie zutreffen, sind Sie mit ziemlicher Sicherheit überlastet und sollten sich überlegen, was Sie dagegen unternehmen wollen. Wir alle erleben solche Situationen regelmäßig, und das ist auch grundsätzlich nicht dramatisch. Schlimm wird es erst, wenn dieser Zustand über längere Zeit anhält.

Auch die Begleiterscheinungen der Pensionierung können erheblichen Stress erzeugen: Der Verlust der bisherigen beruflichen Identität, finanzielle Einbußen, die notwendige Anpassung an die neue Lebenssituation, der Wegfall geliebter Rituale und die veränderten Bedingungen in der Partnerschaft stellen den Ruheständler vor eine ganze Reihe neuer Herausforderungen, die einen starken inneren Druck erzeugen können.

Dabei muss Stress nicht unbedingt negativ sein. Ob aus einer normalen Anforderung oder Belastung eine Überlastung geworden ist, können Sie nur selbst feststellen. Klar, wenn unsere Energie verbraucht ist, sind wir insgesamt erschöpft. Wir müssen also lernen, wieder aufzutanken, und zwar so viel, wie nötig ist, um unser Leben gut bewältigen zu können.

Stress ist eine urtümliche Reaktion unseres Körpers auf einen Gefahrenreiz. Wenn wir eine Situation über unsere Sinne als »gefährlich« erkennen, veranlasst das Gehirn verschiedene Organe zu einer stresstypischen Reaktion. So werden über die Nebennierenrinde bestimmte Hormone ausgeschüttet, die den Blutdruck, die Herzfrequenz und den Blutzuckerspiegel erhöhen. Die Atemorgane weiten sich, um die Sauerstoffversorgung des Blutes zu erleichtern, und der Verdauungstrakt arbeitet eingeschränkt, um Energie zu sparen. Wir bekommen in kürzester Zeit ein Vielfaches an Energie zur Verfügung gestellt, um angemessen auf die Gefahrensituation reagieren zu können. Bei unseren entwicklungsgeschichtlichen Vorfahren waren diese Funktionen überlebenswichtig bei der Büffeljagd, im Kampf gegen Feinde, auf der Flucht oder bei Krankheit und Verletzung. Heute jagen wir zwar keine Büffel mehr, aber die körperliche Reaktion ist die gleiche geblieben, wenn wir irgendwo Gefahr wittern. Das kann eine sehr anspruchsvolle Aufgabe, ein Konfliktgespräch oder eine brenzlige Situation im Straßenverkehr sein.

Ist die Gefahrensituation überstanden, normalisieren sich die Körperfunktionen langsam wieder. Dann merken wir, wie die Anspannung spürbar nachlässt, Atmung und Puls sich beruhigen, und wir in einen Entspannungszustand geraten. Der natürliche Wechsel von Anspannung und Entspannung ist in unseren genetischen »Chip« einprogrammiert und hilft uns, die Anforderungen des Lebens zu meistern. Wenn sich die Anspannungs- und Entspannungsphasen in etwa die Waage halten, werden unser Immunsystem, unsere Psyche und unsere Widerstandskraft gestärkt, und wir können der nächsten anspruchsvollen Situation souverän begegnen.

Problematisch wird es allerdings, wenn der Wechsel zwischen Anspannung und Entspannung ausbleibt. Dann erleben wir anstelle regelmäßiger Anforderungen eine chronische Überlastung, oder aus der übermäßigen dauerhaften Entspannung wird eine chronische Unterforderung (dies kann nach der Pensionierung geschehen). In beiden

Fällen reagiert der Körper entsprechend. Bei extremer chronischer Überlastung versagen die Organe wie zu Tode getriebene Pferde ihren Dienst. Bei andauernder Unterforderung stellen sie ihre Funktion ebenfalls mehr und mehr ein. Beides führt zu schwer wiegenden, teils lebensgefährlichen und unheilbaren Krankheiten. Dann helfen meistens nur noch ein radikales Umkrempeln der Lebensgewohnheiten und die oft lebenslange Einnahme von Medikamenten, um das Fortschreiten der Krankheit zu verlangsamen. Aber auch akute organische Krisen wie die typischen »Managerkrankheiten« Herzinfarkt, Schlaganfall oder Nierenversagen können Folgen einer chronischen Überlastung sein. Das ist der Preis für ein Leben auf der Überholspur. Lassen Sie es lieber gar nicht erst so weit kommen, sondern handeln Sie frühzeitig, wenn Sie merken, dass Ihr Energievorrat zur Neige geht. Fordern Sie sich geistig und körperlich auf angemessene Weise und sorgen Sie für einen gesunden Ausgleich zwischen Anspannung und Entspannung.

Förderlich für den Stressabbau sind eine ausreichende Menge Schlaf (nicht zu viel, nicht zu wenig, das ist individuell sehr verschieden), regelmäßige leichte Bewegung (z. B. Spazierengehen, Radeln, Tanzen), gesunde Ernährung und viel frische Luft (Natur, Garten oder Balkon), Entspannungsgymnastik (Tai Chi oder Chi Gong), Entspannungstechniken (autogenes Training oder Meditation) und eine positive Lebenseinstellung. Daneben gibt es viele praktische Möglichkeiten, Stress abzubauen: Musik machen oder hören, malen oder kochen, handwerklich arbeiten. Auch eine gute persönliche Zeitplanung wirkt Stress und Überforderung entgegen.

Wenn Sie den Eindruck haben, dass es sich hier um Allerweltsweisheiten handelt, haben Sie absolut Recht. Gerade jene Kulturen, in denen die Menschen besonders alt werden und lange gesund bleiben, haben diese Prinzipien für sich umgesetzt. Uns scheint das allerdings schwerzufallen.

Anregungen für den Stressabbau
- Nehmen Sie einmal Ihre Uhr ab und versuchen Sie, Dinge in Ihrem eigenen Tempo zu tun. Entwickeln Sie ein Gespür dafür, wie lange Sie wofür benötigen. Spüren Sie Ihrer »Eigenzeit« nach und schauen Sie sich auch andere Menschen und ihre Umgebung bewusster und länger an.
- Erlauben Sie sich immer wieder kürzere oder längere Auszeiten. Lernen Sie, innezuhalten und auch mal nichts zu tun. Das kann anfangs schwer sein, wird Ihnen aber helfen, aufzutanken.
- Planen Sie lieber zu viel als zu wenig Zeit für Ihre Vorhaben ein. Das gibt Ihnen die Möglichkeit, die Dinge in einem angemessenen und für Sie verträglichen Tempo zu tun. Packen Sie Ihren Tag auch nicht zu voll und geben Sie ihm etwas Struktur, z. B. durch einen Kalender.
- Sie können jeden Tag wie ein neues Leben beginnen. Überlegen Sie einmal, was Ihnen wirklich wichtig ist. Wenn Sie nur noch wenig Zeit zum Leben hätten: Was würden Sie tun?
- Nehmen Sie Ihr Leben wahr, wie es ist, und machen Sie sich und anderen nichts vor. Wenn es Ihnen gefällt, wie es ist, genießen Sie es; wenn nicht, versuchen Sie es zu ändern.

- Einmal am Tag sollten Sie Ruhe und Stille erfahren. Suchen Sie sich einen Ort, der Ihnen diese Möglichkeit bietet, und ziehen Sie sich für eine Weile zurück. Nutzen Sie diese Zeit bewusst zur geistigen Entspannung, versuchen Sie, loszulassen.
- Bewegen Sie sich wenigstens einmal am Tag für mindestens eine halbe Stunde an der frischen Luft. Gehen Sie spazieren, fahren mit dem Rad einkaufen oder drehen eine Runde im Park.
- Geben Sie Ihren Perfektionismus auf. Konzentrieren Sie sich auf die wichtigen Dinge und lassen Sie die unwichtigen auch einmal liegen. Üben Sie gezielt, nicht fertiggestellte Aufgaben zu ertragen.
- Versuchen Sie, gelassen zu bleiben, wenn die Dinge sich anders entwickeln, als Sie es sich wünschen. Lernen Sie, den Lauf der Ereignisse anzunehmen, und konzentrieren Sie sich auf die positiven Aspekte der Veränderungen in Ihrem Leben.
- Trauen Sie sich ruhig etwas zu, aber überfordern Sie sich nicht andauernd. Sie spüren selbst am besten, wo Ihre Grenzen liegen.
- Gestehen Sie sich auch Schwächen zu und lernen Sie damit umzugehen, dass Sie nicht immer Ihre volle Kraft zur Verfügung haben.
- Genießen Sie Ihre Erfolge und erleben Sie das Gefühl von Erfüllung ganz bewusst.
- Setzen Sie sich realistische Ziele. Dazu gehört auch, dass Sie erkennen, wann die Verfolgung eines bestimmten Ziels keinen Sinn mehr hat. Laufen Sie nicht überholten oder fremden Idealen hinterher.

Ernährung

> Ich möchte nichts mit Naturkost zu tun haben. In meinem Alter braucht man alle Konservierungsstoffe, die man kriegen kann.
>
> *George Burns, amerikanischer Humorist und Stückeschreiber*

Zum Thema »richtige Ernährung« gibt es so viele unterschiedliche Ansichten, Philosophien, Konzepte und Doktrinen, dass eine ausführliche Darstellung den Rahmen dieses Buches sprengen würde. Nur so viel sei gesagt: Die meisten Menschen unterschätzen die Bedeutung einer gesunden und an die persönlichen Erfordernisse angepassten Ernährung. Viele der heutigen Zivilisationskrankheiten wie Allergien, Krebs, Herzinfarkt und Schlaganfall, Stoffwechselerkrankungen, Rheuma usw. werden nachweislich mit ausgelöst durch jahrzehntelange Ernährungsfehler.

Leistungsfähigkeit und Gesundheit eines Menschen werden in hohem Maße durch die Art der Ernährung beeinflusst, wobei die Nahrungsmittelmenge und -zusammensetzung an den individuellen Stoffwechsel und Lebensstil angepasst sein sollte. Finden Sie selbst heraus, was Ihnen gut bekommt, was Ihnen Kraft und Energie schenkt. Informieren Sie sich über die Grundlagen einer ausgewogenen, vollwertigen Kost und sorgen Sie vor allem dafür, dass Sie sich nicht einseitig ernähren. Wenn Sie die richtige Einstellung zum Essen entwickeln, werden Sie bestimmte Ernährungsfehler gar nicht erst machen. Eigentlich ist Nahrung ein Geschenk der Natur, doch wir empfinden deren

Aufnahme heutzutage oft nur als notwendiges Übel, das schnell nebenher erledigt wird.

Über die Grundversorgung mit Kohlehydraten, Eiweißen und Fetten sowie Vital- und Mineralstoffen informieren Sie sich am besten in fachlich fundierten Ratgebern. Grundsätzlich gilt: Ältere Menschen benötigen weniger Fett und Eiweiß, dafür aber mehr Ballaststoffe und Vitalstoffe. Mit einer leichten Vollkost, die viel Obst und Gemüse, Vollkornprodukte und etwas Fisch und Fleisch enthält, bekommen Sie alle notwendigen Nährstoffe. Wenn Sie sich grundsätzlich daran halten, können Sie auch hin und wieder lustvoll über die Stränge schlagen und den Weihnachtsplätzchen oder der Torte den Vorzug geben.

Hüten Sie sich vor allzu strengen und einseitigen Diäten (außer bei Krankheit) und lassen Sie sich vor allem nicht die Freude am Essen verderben. Nehmen Sie regelmäßig über den Tag verteilt kleinere Mahlzeiten zu sich, d.h. nur so viel, bis Ihr Hunger gestillt ist. Die Menschen auf Okinawa, der japanischen »Insel der Hundertjährigen«, befolgen traditionell das Prinzip des »hara hachi bu«[90]: Sie essen nur so viel, dass der Magen nicht ganz voll ist.

Nutzen Sie die zusätzliche Zeit, die Ihnen im Ruhestand zur Verfügung steht, auch dazu, sich mit der Zubereitung Ihrer Mahlzeiten Mühe zu geben. Achten Sie zudem darauf, langsam zu essen und gut zu kauen. Trinken Sie pro Tag 1,5 Liter Flüssigkeit, am besten Wasser, Säfte und Tee. Rauchen Sie nicht und trinken Sie möglichst wenig Alkohol. Auch Zucker, Industriefette (Fritteuse), Fastfood, Konservierungsstoffe und Geschmacksverstärker (Fertiggerichte) sind ungesund.

Es kann Ihnen ein stetiger Quell der Freude sein und viel Energie schenken, wenn Sie der Nahrungsaufnahme die gleiche Aufmerksamkeit widmen wie (früher) Ihren Aufgaben im Beruf oder der Pflege Ihres Autos. Der Körper ist so dankbar für diesen Dienst, dass er Sie schon bald mit einer stabileren Gesundheit belohnen wird. Das gibt Ihnen die Kraft, die Herausforderungen des nachberuflichen Lebens aktiv anzupacken.

Übung: »Bewusstes Essen«

Nicht nur was wir essen, sondern auch, wie wir es tun, ist wichtig. Heute nehmen wir unsere Mahlzeiten oft so zu uns, wie wir auch leben: schnell, achtlos, lieblos. Sind wir allein, haben wir oft gar keine Lust zum Essen. Die Folgen: Magen-Darm-Störungen, Stoffwechselprobleme, unfreiwillige Gewichtszunahme, Kopfschmerzen, Unverträglichkeiten usw. Wenn Sie das nächste Mal zu Abend essen, probieren Sie doch einmal, es auf folgende Weise zu tun:

- Nehmen Sie sich Zeit für das eigentliche Essen, nicht nur fürs Kochen (mindestens eine halbe Stunde).
- Geben Sie sich Mühe mit der Zubereitung.
- Decken Sie den Tisch liebevoll, auch wenn Sie allein sind.
- Wenn Sie mögen, können Sie sich schöne ruhige Musik anstellen, aber versuchen Sie es auch einmal mit Stille.
- Bevor Sie mit dem Essen beginnen, besinnen Sie sich einen Moment: Sehen Sie sich Ihre Mahlzeit ganz bewusst an. Stellen Sie sich vor, wie das Gemüse gewachsen ist und wie es geerntet wurde oder wie das

Brot gebacken wurde. Nehmen Sie die verschiedenen Düfte wahr und lassen Sie sie auf sich wirken.
Nehmen Sie auch die Farben auf Ihrem Teller wahr. Versuchen Sie, dankbar zu sein, und betrachten Sie die Mahlzeit als Geschenk. Freuen Sie sich auf den ersten Bissen oder den ersten Schluck Wein oder Wasser und genießen Sie diesen ganz bewusst.

- Kauen Sie langsam und ausreichend oft. Genießen Sie jede Portion.
- Trinken Sie nicht viel zum Essen, lieber zwischen den Mahlzeiten.
- Sehen Sie nicht nebenbei fern, hören Radio oder lesen Zeitung.
- Führen Sie keine Konfliktgespräche oder Problemdiskussionen während des Essens.
- Reden Sie nicht über Arbeit oder Probleme.
- Telefonieren Sie nicht beim Essen.
- Wenn Sie fertig sind, erlauben Sie sich wieder einen Moment der Besinnung und Dankbarkeit, bevor Sie aufstehen und abräumen.

Wenn Sie diese Übung mindestens einmal am Tag machen, werden Sie schnell merken, dass Essen viel mehr ist als Nahrungsaufnahme.

Bewegung

> Der Lauf der Dinge: Hard Rock, Soft Rock, Schlafrock.
>
> *Werner Horand, Filmautor und Feuilletonist*

Ein wichtiger Faktor im Balanceprozess ist körperliche Bewegung. Es ist wie mit der Verdauung: Wenn man zu viel sitzt, was besonders im Alter oft der Fall ist, gerät der Stoffwechsel ins Stocken. So geht es auch dem Gehirn, das wie alle anderen Organe vom Stoffwechsel abhängig ist. Ohne Bewegung – am besten an der frischen Luft – fehlt dem Menschen eine elementare Anregung zur Bewältigung seiner Lebensaufgaben. Überlegen Sie doch einmal, wie viele Stunden täglich Sie sitzend verbringen, vor dem Computer oder Fernseher, in Besprechungen oder bei Verabredungen, im Auto oder in der Bahn, im Restaurant oder auf dem Sofa. Dazu passt der schöne Satz: »Der Mensch kann das machen, aber der Mensch ist dafür nicht gemacht!«

Kein Wunder also, dass immer mehr junge, dynamische Führungskräfte schon nach wenigen Jahren Berufsalltag unter körperlicher und geistiger Verstopfung leiden. In dem Maße, in dem wir unseren Körper vernachlässigen, lassen uns oft auch unsere Ideen und Visionen im Stich. Dabei ist Bewegung keine Frage des Alters, der Arbeitsbelastung oder der Zeit. Sich ausreichend zu bewegen, hat auch damit zu tun, dass man sich mit sich selbst Mühe gibt. Wir übernehmen bereitwillig für alles Mögliche die Verantwortung. Aber wie sieht es mit uns selbst aus? Die meisten von uns leben nach dem Motto: Der Arzt wird es schon richten. Dann kündigt unser Körper uns irgendwann die Freundschaft auf, und es gibt nur noch Krisenmanagement und Mängelverwaltung. Die Gesundheit ist dabei längst auf der Strecke geblieben.

Es spielt eigentlich keine Rolle, ob Sie tanzen, schwimmen, Fahrrad fahren, Gymnastik machen, spazieren gehen oder Golf spielen. Entscheidend ist, dass Sie das Ganze entspannt angehen. Vergessen Sie den Leistungsdruck und versuchen Sie nicht auch noch beim Squash oder auf dem Laufband alle anderen zu besiegen (das geht sowieso nicht). Denken Sie daran: Das Leben beruht auf dem Prinzip Bewegung, und der Sieg ist nur ein vorübergehender statischer Zustand.

Ältere Menschen sollten einen Arzt aufsuchen, bevor sie einen neuen Sport ausprobieren. Sprechen Sie mit ihm über Nutzen und Risiken und berücksichtigen Sie Ihre persönlichen Voraussetzungen. Beginnen Sie nach dem Gesundheitscheck langsam mit dem Training und machen Sie sich immer vorher warm, am besten unter professioneller Anleitung. Wichtig ist auch das anschließende Dehnen.

Nach einer aktiven Phase braucht der Körper im Alter etwas mehr Ruhe als früher, um sich zu regenerieren. Nehmen Sie sich bewusst die Zeit dafür und nutzen Sie sie zum Entspannen. Wenn Sie krank sind, sollten Sie mit dem Training aussetzen und sich erst einmal richtig auskurieren. In dieser Zeit können ruhige Spaziergänge die angemessene Bewegung verschaffen. Wenn Sie mit jüngeren Menschen Sport treiben, messen Sie sich nicht an deren Leistung, sondern achten Sie auf Ihre eigene Kondition.

Zu den Sportarten, die sich besonders gut zur Unterstützung des Balanceprozesses eignen, gehören Ausdauersportarten wie Laufen, Schwimmen und Radfahren. Der

Vorteil dieser Disziplinen besteht darin, dass Sie nach kurzer Zeit nicht mehr über das nachdenken, was Sie gerade tun. Die Atmung hat sich stabilisiert, Sie haben einen eigenen Rhythmus gefunden und können Ihren Gedanken freien Lauf lassen. Manche Menschen kommen nach einer Weile sogar in eine richtiggehend meditative Stimmung. Der gleichmäßige Rhythmus von Atmung und Bewegung beruhigt nämlich auch unsere Gedanken- und Gefühlswelt.

Das können Sie bei sich selbst am besten feststellen, wenn Sie nach einem stressreichen Tag abends einen ausgedehnten Waldlauf oder Spaziergang machen. In den ersten zehn bis zwanzig Minuten werden Ihnen noch all die Fragen und Probleme des Tages im Kopf herumgeistern. Wenn Sie Ihren Rhythmus aber gefunden haben, merken Sie, dass sich das Gewirr in Ihrem Kopf langsam auflöst. Am Ende fühlen Sie sich gleichzeitig physisch angeregt und geistig entspannt. Vielleicht haben Sie auch den Eindruck, Sie seien innerlich gereinigt worden. Und genau das ist ja geschehen, denn durch die Bewegung und die Sauerstoffzufuhr haben Sie Ihren Kreislauf angeregt und den Stoffwechsel in Schwung gebracht. Davon profitiert nicht nur der Körper, sondern auch die Psyche.

Überfordern Sie sich beim Sport nicht, denn Leistungsdruck und großer physischer Stress wirken sich nicht nur kontraproduktiv aus, sondern sind regelrecht gesundheitsschädlich, besonders im Alter. Fangen Sie langsam mit dem Training an, und erweitern Sie Ihr Programm spielerisch von Woche zu Woche. Wenn es Ihnen schwerfällt, sich allein zu motivieren, suchen Sie sich doch Gleichgesinnte zum Mitmachen.

Neben dem Ausdauersport sind natürlich auch viele andere Sportarten geeignet, Ihre körperliche Fitness zu steigern und damit Ihr Wohlbefinden zu verbessern. Das Positive an den so genannten Individualsportarten ist, dass Sie mit sich und Ihren Gedanken allein sind und nicht durch Interaktion abgelenkt werden, die der Spielverlauf oder die Mitspieler von Ihnen fordern. Mannschaftssport und das Engagement in einem Verein ermöglichen andererseits vielfältige soziale Kontakte und schöne Gruppenerlebnisse. Wenn Sie in Sachen Sport eher ein geselliger Mensch sind, suchen Sie sich am besten eine Gruppe, die das Ganze nicht so verbissen angeht.

Noch ein Wort zum Thema Fitnessstudio. Es gibt unzählige Menschen, die einen Vertrag mit einem Studio haben, aber schon monatelang nicht beim Training gewesen sind. In der heutigen Zeit scheint die Mitgliedschaft in einer »Muckibude« ein gesellschaftlich anerkannter Freibrief für Selbstbetrug zu sein. Seien Sie lieber ehrlich mit sich selbst. Wenn es Ihnen im Studio keinen Spaß macht – das ist wirklich keine Seltenheit –, dann unternehmen Sie während der Zeit doch lieber etwas Angenehmeres und sparen Sie das viele Geld. Problematisch ist auch (vielleicht liegt hier die Ursache für die schnelle Ernüchterung), dass das Training in einigen Fitnesscentern eher auf Leistung ausgerichtet ist und oberflächliche körperliche Attraktivität eine große Rolle spielt. In gut geführten, modernen Studios bekommen Sie aber professionelle Betreuung, die Ihren gesundheitlichen Status berücksichtigt.

Besonders förderlich für körperliche Fitness, geistige Entspannung und sinnliche Anregung sind Sportarten, die Sie in der freien Natur ausüben können. Der erhöhte

Sauerstoffgehalt der Luft, das natürliche Licht, der Duft von Wiesen und Feldern, das satte Grün oder der sanfte Sommerregen verfügen über das Potenzial, Sie in euphorische Stimmung zu versetzen. Was ist dagegen das militärisch anmutende Konditionstraining im begrenzten Raum einer muffigen Turnhalle?

Bei der Wahl einer für Sie geeigneten Sportart können Sie natürlich auch kreativ sein und für etwas Abwechslung sorgen. Das ist in vielen Fällen sogar gesünder für Ihren Organismus. Seit einigen Jahren hat sich vor diesem Hintergrund die Idee des Cross-Trainings entwickelt, bei dem mehrere Sportarten miteinander kombiniert werden. Auf die Weise wird der Bewegungsapparat nicht zu einseitig belastet, und Sie können gleichermaßen Kraft, Geschicklichkeit und Kondition trainieren. Wenn Sie zum Beispiel Fahrradfahren, Schwimmen und Nordic Walking kombinieren, haben Sie unabhängig vom Wetter, der Ihnen zur Verfügung stehenden Zeit und Ihrem Aufenthaltsort immer die Möglichkeit, sich zu bewegen. Zwei- bis dreimal Sport pro Woche in Kombination mit einer kleinen täglichen Gymnastik und hin und wieder einem Spaziergang reichen in der Regel aus, um den Körper wirklich fit zu machen.

Sollten Sie nun ein echter Sportmuffel sein und sich lieber an die Lebensphilosophie von Winston Churchill halten – »No sports« –, dann achten Sie doch zumindest darauf, dass Sie regelmäßig an die Luft kommen und täglich eine Runde um den Block drehen. Lassen Sie öfter mal das Auto stehen und gehen Sie stattdessen ein paar Schritte zu Fuß. Mit der Zeit wird Ihnen das gefallen!

Sinnesmanagement

> Die fünf Farben machen das Auge blind.
> Die fünf Töne machen das Ohr taub.
> Die fünf Geschmäcker machen die Zunge tot.
> Hetzen und Jagen machen den Geist toll.
> *Lao-tse, chinesischer Philosoph,*
> *Begründer des Taoismus*

Gesundheit nährt sich selbstverständlich auch aus einer Balance der Sinne. Heutzutage ist es jedoch so, dass wir durch die permanente Verfügbarkeit von Informationen, Nahrungsmitteln, Unterhaltungs- und Konsummöglichkeiten einer Reizflut ausgesetzt sind, die dazu führt, dass unsere Sinne sich verschließen, anstatt sich zu öffnen. Fortwährend sind wir gezwungen, eine Reizauswahl vorzunehmen und Informationen zu kanalisieren. Wir betreiben also ein sehr effektives Sinnesmanagement, oft ohne es zu registrieren.

Ohne diese Fähigkeit, für uns irrelevante Informationen auszublenden, würden wir verrückt werden. Menschen, die diesen Schutzmechanismus verloren haben, leiden sehr an der Komplexität ihrer Umwelt. Seien wir also dankbar dafür, dass wir nicht immer alles bewusst wahrnehmen, was um uns herum geschieht.

Die spannende Frage lautet nun: Wie funktioniert unsere Wahrnehmung, und welche Folgen hat das für unsere Sinnlichkeit? Ausschlaggebend für eine sinnlich anregende, subjektiv wertvolle Wahrnehmung sind die richtige Auswahl und die passende Dosierung. Dazu ein einfaches Beispiel. Wenn Sie immer die gleiche Schokolade kaufen, wird Ihnen der Geschmack irgendwann langweilig vorkommen. Vielleicht meinen Sie auch, es gäbe gar keine anderen oder besseren Sorten. Aber wie wollen Sie das wissen? Und was die Dosierung betrifft: Wenn Sie zu viel Schokolade auf einmal essen, wird Ihnen schlecht, der Magen übersäuert.

Ähnlich verhält es sich mit unserer Sinnlichkeit. Wir müssen uns genau überlegen, welchen Reizen wir uns aussetzen und in welchem Maße wir uns auf sie einlassen wollen. Gelingt es uns, unsere ganz persönliche Balance herzustellen, können wir uns an den Reizen und Einflüssen freuen, sie genießen und von ihnen profitieren. Wenn wir damit anfangs noch Schwierigkeiten haben, sollten wir zunächst mit einer Reizreduktion beginnen. Stellen Sie sich vor, Sie fühlen sich schlapp und ausgepowert, können sich nicht konzentrieren und müssen jede Zeile dreimal lesen. Dann nehmen Sie eine Woche lang keine Zeitung in die Hand und sehen bzw. hören auch keine Nachrichten. Stattdessen können Sie sich mit einer Freundin zum Essen treffen oder in den botanischen Garten gehen. Sie werden spüren, wie sich Ihr Geist von Tag zu Tag mehr erholt und langsam wieder in Bewegung kommt.

Ein Musiker, der ständig Musik hört und sich damit beschäftigt, sollte vielleicht mal ein paar Tage auf »Entzug« gehen, eine Art kreative Pause einlegen. Dann klappt es auch mit dem Komponieren wieder. Die Reiseleiterin, die alle exotischen Länder gesehen hat und von den immer gleichen Touren auf den Balearen und Kanaren frustriert ist, könnte ein paar Tage Urlaub in den eigenen vier Wänden machen, ein bisschen lesen, sich mal wieder selbst eine Mahlzeit zubereiten und das Alleinsein genießen.

Fördern Sie bei sich die Sinne, die weniger ausgeprägt oder die überlastet sind, erlauben Sie sich auch mal eine sinnliche Auszeit oder probieren Sie es mit Askese. Freuen Sie sich an einem Baum, anstatt teilnahmslos durch Wälder zu fahren. Und beobachten Sie sich dabei ruhig einmal: Wie fühlen Sie sich? Was genau sehen Sie in diesem Moment, was hören Sie?

Konzentrieren Sie sich ganz auf den Geschmack des Weins, saugen Sie den fruchtbaren Duft der Erde ein, streichen Sie mit den Fingern über das Moos am Wegrand. Schreiben Sie darüber ein Gedicht, nur für sich allein. Für die größten Wunder müssen wir nicht weit reisen. Wir müssen nur bereit sein, sie wahrzunehmen.

Körperliche Entspannung
Gehören Sie zu den Menschen, die sich gut entspannen können? Dann können Sie sich glücklich schätzen, denn ein wichtiges Merkmal des Balanceprozesses ist, dass wir zwischendurch immer wieder Abstand gewinnen, dass wir loslassen, damit unser Unterbewusstsein die nötigen Verarbeitungsschritte bewältigen kann und sich die Dinge entwickeln.

Zu den Weisheiten des Dalai Lama gehört der Rat, einmal im Jahr an einen Ort zu fahren, an dem man noch nicht war. Obwohl wir Deutschen zu den reisefreudigsten Völkern gehören, und die meisten von uns mehr als einmal im Jahr Urlaub machen, haben wir doch häufig große Probleme, uns zu entspannen. Das liegt vor allem daran, dass wir uns auch in unserer Freizeit stets unter Druck setzen, um aus der knappen oder teuer bezahlten Zeit alles »rauszuholen«. In den Entwicklungsländern ist der Begriff

Freizeitstress gänzlich unbekannt, bei uns ist er jedoch zum Modewort avanciert. Unser Motor steht fast nie still. Das sollte er aber hin und wieder, denn wir müssen auch mal abkühlen, mal keine Informationen aufnehmen, mal nicht kommunizieren.

Ob Sie zur Entspannung nun Meditation, Tanzen, Malen oder Wandern vorziehen, hängt von Ihrem persönlichen Geschmack und Ihren Lebensumständen ab. Wer zum Beispiel den ganzen Tag an Businessplänen oder Verkaufsstrategien gearbeitet hat, entspannt sich vielleicht herrlich beim Tischlern zu Hause. Obwohl sie es nicht gern zugeben, sind viele Manager leidenschaftliche Angler und freuen sich in dieser Hinsicht besonders auf den Ruhestand. Die Stille und die Nähe zur Natur geben ihnen die Kraft, ihren anstrengenden Tag durchzustehen. Es ist also nicht verkehrt, sich eine Tätigkeit zum Entspannen zu suchen, die ganz anders ist als das, was man jeden Tag macht. Oder wir entspannen uns, indem wir nichts tun. Das ist für viele von uns jedoch die schwerste Form der Entspannung, weil wir gewohnt sind, uns ständig zu beschäftigen.

Leider greifen viele Menschen auch zu Alkohol und Medikamenten, um sich zu entspannen. Das ist zutiefst bedauerlich, denn in den seltensten Fällen stellt sich dadurch wirkliche Erholung ein. Wenn Sie ein gutes Glas Wein genießen können, ist daran natürlich nichts verkehrt. Aber der Griff zur Flasche oder zur Tablette ist in unserer Gesellschaft zur traurigen Gewohnheit geworden. Dabei verwechseln die Menschen den mehr oder weniger narkotisierten Zustand allzu gern mit der Vorstellung, entspannt zu sein. Suchen Sie sich stattdessen lieber aus der breiten Palette von gesunden Angeboten etwas aus, was zu Ihnen passt.

Mentale Entspannung

Mentale Entspannung ist eine wichtige Voraussetzung für einen aktiven und ausgeglichenen Lebensstil. Unser Problem heutzutage besteht darin, dass wir uns gerade in mentaler Hinsicht keine Pause gönnen. In dem Maße, wie wir unseren Körper durch stundenlanges Sitzen, falsche Ernährung und lange Fernsehabende ruinieren, gefährden wir unsere mentale Fitness durch Überreizung. Jede Sekunde des Tages ist unser Gehirn damit beschäftigt, all die Informationen zu verarbeiten, die im Alltag auf uns einwirken. Denken Sie nur einmal daran, was passiert, wenn Sie eine Straße entlanggehen: all die Menschen, Fahrzeuge, Schilder, Geräusche, Gerüche, das Licht, die Temperatur usw. Gerade ältere Menschen fühlen sich davon oft überfordert. Ständig filtert das Gehirn bei diesem vergleichsweise einfachen Prozess die nicht relevanten Informationen heraus und lässt die wichtigen durch. Trotzdem erhalten wir immer noch viel zu viele unwichtige Informationen.

Im Alltag ist es oft schwer, die Informationsflut, der wir ausgesetzt sind, zu reduzieren. Aber es gibt viele Situationen, auf die wir Einfluss haben. Fragen Sie sich doch einmal, wie sinnvoll es ist, dass Sie ein und dieselbe Nachricht – beispielsweise ein tagespolitisches Ereignis – über den Tag verteilt fünf- bis zehnmal empfangen: Morgens beim Frühstück lesen Sie in der Tageszeitung davon, auf dem Weg zur Arbeit hören Sie es im Autoradio, bei der Arbeit sprechen Sie vielleicht mit Kollegen darüber oder stoßen im Internet darauf, auf dem Nachhauseweg kommt die »Neuigkeit« noch einmal im Radio und abends schließlich in den Fernsehnachrichten. Und nun überlegen Sie mal, wie sich diese kleine Informationseinheit potenziert, wenn Sie all die Einflüsse durchgehen, denen Sie täglich ausgesetzt sind. Wie viel Zeit wird dadurch verbraucht? Wie viel Aufmerksamkeit widmen Sie diesen Dingen, wie viel mentale Energie brauchen Sie für die Informationsverarbeitung? Sind Sie schon um die Mittagszeit ausgepowert und leicht reizbar? Dann wird es höchste Zeit zu reduzieren!

Nicht wenige Menschen verzichten daher ganz bewusst auf Tageszeitungen, Fernsehen oder andere Medien, um ihre mentalen Ressourcen zu schonen. Man nennt diese Strategie »Medienaskese«. Keine Angst, Sie verpassen nichts – im Gegenteil: Die gewonnene Energie ermöglicht es Ihnen, sich noch mehr auf die wesentlichen Dinge zu konzentrieren, und Sie gewinnen Kraftreserven, die Sie gezielt einsetzen können, wenn es darauf ankommt. Zum Beispiel wenn Sie vor einer neuen Herausforderung stehen.

Zuerst sollten Sie also versuchen, Ihren Alltag so zu gestalten, dass Sie Ihre mentalen Ressourcen ganz bewusst einsetzen und ihnen auch mal eine Entspannungspause gönnen. Zusätzlich können Sie bestimmte Entspannungstechniken nutzen. Es spielt keine Rolle, ob Sie autogenes Training praktizieren, sich für kontemplative Meditation entscheiden oder sich auf eine einsame Waldlichtung legen. Entscheidend ist der Effekt, von dem Sie profitieren.

Übung: »Einfache Meditation«
Nehmen Sie sich eine halbe Stunde Zeit und ziehen Sie sich an einen ruhigen Ort zurück, an dem Sie ungestört

sind. Führen Sie nun die folgende einfache Meditation[91] aus:

- Setzen Sie sich aufrecht auf einen Stuhl, ohne sich anzulehnen, und stellen Sie Ihre Füße nebeneinander auf den Boden.
- Legen Sie Ihre Hände bequem auf den Oberschenkeln ab.
- Richten Sie den Blick geradeaus und leicht nach unten gesenkt. Schließen Sie dann die Augen.
- Sitzen Sie gerade. Stellen Sie sich vor, oben auf Ihrem Kopf am Haarwirbel ist ein unsichtbares Band befestigt, an dem jemand leicht zieht, wie bei einer Marionette. Auf diese Weise wird Ihre Wirbelsäule gestreckt, das Kinn ist dabei leicht gesenkt.
- Entspannen Sie Ihre Schultern und Ihren Kiefer.
- Beobachten Sie jetzt Ihre Atmung: Stellen Sie sich vor, wie die Luft durch den Bauchnabel einströmt und aus Ihren Ohren wieder ausströmt.
- Lassen Sie die Atmung allein ihrem natürlichen Rhythmus folgen und greifen Sie nicht ein, sondern beobachten Sie nur.
- Achten Sie weiterhin darauf, dass Ihr Körper entspannt ist und Sie aufrecht sitzen.
- Versuchen Sie nun, Ihre Gedanken loszulassen. Stellen Sie sich dazu vor, auf Ihrem Kopf ist ein Schornstein, aus dem alle Gedanken und Vorstellungen entweichen.
  Denken Sie nicht mehr. Seien Sie wie ein leeres Gefäß.
- Bleiben Sie so lange auf diese Weise sitzen, bis Sie das Gefühl haben, völlig leer und entspannt zu sein.

- Wenn Sie sich entschlossen haben, die Meditation zu beenden, stehen Sie langsam auf, strecken sich und atmen mehrmals tief durch.

Anfangs wird es Ihnen schwerfallen, ruhig dazusitzen und an nichts zu denken. Immer wieder werden Gedanken durch Ihren Kopf schwirren und Aufmerksamkeit fordern, oder Sie spüren Verspannungen und Unruhe im Körper. Konzentrieren Sie sich dann einfach auf Ihre Aufgaben: nichts weiter tun, als entspannt und gerade sitzen, die Atmung strömen lassen, die Gedanken aufgeben, leer werden. Achten Sie darauf, nicht einzuschlafen, sondern versuchen Sie, ganz und gar »Sitzen, Atmung, Leere« zu sein. Mit der Zeit bekommen Sie Übung und finden immer leichter in diesen Zustand hinein. Wenn Sie die Übung in Ihren Alltag integrieren können, wird sie Ihnen eine unerschöpfliche Quelle von Ausgleich, Entspannung, Stärkung und mentaler Entwicklung sein.

Freizeit und Freunde

Menschen haben zwar ein unterschiedlich stark ausgeprägtes Bedürfnis nach sozialen Kontakten, aber kaum jemand kommt ohne sie aus. Wie lange würden Sie es ohne soziale Kontakte aushalten, einen Tag, eine Woche oder gar einige Monate?

Zu den wichtigsten Bestandteilen unseres sozialen Lebens gehören neben der Familie und den Kollegen gute Freunde sowie ein Netzwerk von Bekannten. Besonders im Alter erfüllt der Kontakt zu Freunden eine wichtige

Funktion. Der Austausch mit ihnen kann uns helfen, die Probleme des Älterwerdens leichter zu nehmen und über das eine oder andere Wehwehchen auch einmal zu lachen. Gute Freundschaften und Bekanntschaften geben uns gerade in schwierigen Zeiten Stabilität und Rückhalt. Sie wirken der Vereinsamung entgegen und bieten nicht selten einen Anstoß zur Selbstreflexion. Aber auch die Fähigkeit, Netzwerke zu bilden, erweist sich in dieser Altersphase als sinnvoll, hilft sie doch, unsere vielfältigen Möglichkeiten besser zu nutzen und Herausforderungen zu bewältigen.

Über den Kontakt zu Freunden und Bekannten bekommen wir auch neue Impulse für unser Leben. Das beugt der Tendenz vor, sich im Alter in den eigenen vier Wänden zu verschanzen und die Welt draußen vor der Tür nur noch im Fernsehen zu erleben. Oft fällt es Männern im Alter schwerer als Frauen, sich ein lebendiges soziales Umfeld zu schaffen, weil sie sich während der Zeit der Berufstätigkeit auf die Kommunikationsfähigkeiten ihrer Partnerinnen verlassen haben. Ist ein Mann dann nach der Pensionierung allein, besteht die Gefahr der Vereinsamung. Nicht zuletzt deswegen ist es so wichtig, sich frühzeitig um Freundschaften und Bekanntschaften zu bemühen.

Freunde außerhalb von Familie und Beruf
Unsere sozialen Kontakte stellen ein »Gegengewicht« zu unseren familiären und (ehemaligen) beruflichen Bindungen dar. Ist das nicht der Fall, haben wir keine Möglichkeit, Unterstützung von außen zu erhalten, wenn es zu Problemen im familiären oder beruflichen Umfeld gekommen ist.

Soziale Kontakte außerhalb von Familie und Arbeit können uns geben, was wir woanders vielleicht nicht finden:

- einen Ausgleich zur Arbeit
- einen Ausgleich zur Partnerschaft oder zur Familie
- gemeinsame Interessen (z. B. Hobbys oder gesellschaftliches Engagement)
- Selbstverwirklichung in einem anderen Umfeld
- neue Erlebnisse und Impulse
- geistige Auseinandersetzung
- Spaß
- Halt und Geborgenheit
- Bestätigung, die nicht von Leistung abhängig ist
- menschliche Nähe

Warum ist es so wichtig, neben Familie und Arbeitskollegen einen ganz eigenen Freundes- und Bekanntenkreis zu haben? Wenn wir uns noch einmal unseren Energietank vor Augen halten, wird das deutlich: Wie sollen Defizite in einer Kammer (in einem Lebensbereich) kompensiert werden, wenn die anderen Kammern ebenfalls leer sind? Um einen Ausgleich zu schaffen, brauchen wir die Begegnung mit Menschen, die von problembelasteten Prozessen und Umständen in unseren anderen Lebensbereichen nicht betroffen sind.

Dass uns gute Freunde fehlen, merken wir oft erst, wenn wir sie brauchen. Vor allem in der Lebensphase zwischen dreißig und Ende fünfzig ist es schwierig, Freundschaften zu pflegen, denn diese Phase wird bestimmt von einem ausgeprägten Engagement für den Lebensbereich Arbeit. Die Karriere fordert ihren Tribut, und so fehlt oft die Zeit für private Kontakte. Da aber auch die Lebensbereiche Familie und Gesundheit oft in Mitleidenschaft gezogen werden, wären gute Freunde als Ratgeber und Rückhalt umso wichtiger.

Die Erkenntnis, in Krisenzeiten oder auch in Momenten der Freude und des Erfolgs ohne Freunde dazustehen, mit denen sie teilen können, veranlasst viele Menschen wiederum dazu, sich in die Arbeit zu flüchten. Hier kennen sie die Spielregeln und stellen etwas dar. So entsteht zumindest der Eindruck, man verfüge über ausreichend soziale Kontakte, und es gibt auch die eine oder andere Vertraulichkeit zwischen Kollegen. Man fühlt sich wohl miteinander und ist die privaten Sorgen erst einmal los. Doch auf diese Weise verstärkt sich die Tendenz zur Isolation nur noch. Der Zusammenbruch erfolgt dann oft bei ernsthaften Problemen im Job oder in der Familie, spätestens jedoch mit dem Verlust des Arbeitsplatzes bzw. der Pensionierung. Sehen Sie sich bei älteren Kollegen, die jahrzehntelang nur für die Arbeit gelebt haben, einmal an, was nach dem Ausscheiden aus dem Unternehmen übrig geblieben ist. Und überlegen Sie, ob Ihnen das reicht oder ob es nicht noch mehr gibt, was Ihnen wichtig ist.

Aber auch wer den ganzen Tag durch Kindererziehung, Haushalt und Familienleben gefordert ist, braucht Abstand, sonst leidet das Selbstwertgefühl, Unzufriedenheit macht sich breit, und das Gefühl von Überlastung tritt ein. Gemeinsame Erlebnisse mit Freunden bieten einen guten Ausgleich: Wir bekommen wieder mit, was »draußen« passiert, und bewegen uns in einem anderen Umfeld, in dem wir nicht permanent wachsam und für andere da sein müssen. Vereinbaren Sie deswegen mit Ihrem Partner oder dem anderen Elternteil feste Termine, an denen er oder sie sich um Kinder und Haushalt kümmert, damit Sie auch mal die Möglichkeit haben, das Haus zu verlassen.

Überprüfen Sie Ihr Umfeld außerhalb von Arbeit und Familie: Auf welche Beziehungen können Sie wirklich zählen? Haben Sie einen echten Freund oder eine echte Freundin, die auch erreichbar und für Sie da ist, so wie Sie es umgekehrt wären? Gibt es Menschen, mit denen Sie Erlebnisse außerhalb von Familie und Job teilen können? Je vielfältiger diese Beziehungen sind, desto besser!

Übung: »Meine Freunde«

Denken Sie einmal in Ruhe über Ihre Freunde und sich nach. Überlegen Sie, wen Sie im Notfall anrufen könnten, mit wem Sie »Pferde stehlen« und lachen können und wer Ihnen ehrlich die Meinung sagen würde. Für wen wären Sie gern da, und über wessen Besuch würden Sie sich freuen?

Schreiben Sie die Ergebnisse auf und überlegen Sie, was Sie in Zukunft für Ihre Freundschaften tun wollen. Schreiben Sie die Ideen dazu ebenfalls auf.

Seien Sie nicht erschrocken, wenn Sie sich eingestehen müssen, dass es um Ihre Freundschaften nicht so gut bestellt ist, wie Sie es sich gerade jetzt wünschten. Das geht leider vielen Menschen so nach einem langen Berufsleben. Vielleicht stellen Sie auch fest, dass Sie an Freundschaften festhalten, die eigentlich gar keine mehr sind. Manche Beziehungen sind mit einer bestimmten Lebensphase verbunden und funktionieren unter anderen Bedingungen nicht mehr, weil es zu wenige Gemeinsamkeiten gibt. Dann ist es besser, loszulassen und die Veränderungen zu akzeptieren, als mit schlechtem Gewissen fruchtlos Zeit miteinander zu verbringen.

Bedenken Sie aber auch: Es ist nie zu spät für einen Neubeginn. Auch alte Freundschaften können mit ein bisschen Engagement wieder aufgefrischt werden. Versuchen Sie es einfach, machen Sie den ersten Schritt!

Ein gutes Netzwerk
Neben engen Freundschaften brauchen wir außerdem ein funktionierendes Netzwerk von Bekannten. Mit zunehmender Anzahl von Kontakten steigt allerdings auch die Komplexität, denn es ist ein wechselseitiges Geben und Nehmen. Einige Menschen schöpfen gerade daraus Energie, andere fühlen sich dadurch überfordert. Das für Sie persönlich richtige Maß müssen Sie selbst herausfinden. Überlegen Sie sich, wie viel Zeit und Energie Sie investieren wollen und was sie andererseits von Ihrem Netzwerk erwarten.

Ein Netzwerk funktioniert nur dann, wenn sich auch wirklich alle Teilnehmer einbringen. Nicht jeder Kontakt, den Sie haben, erweist sich irgendwann als nützlich. Menschen, die beispielsweise beruflich eine Vielzahl von Kontakten und Terminen haben, glauben oft, über ein stabiles soziales Netz zu verfügen. Im Ernstfall stellen sie dann leider oft fest, dass die meisten Kontakte wertlos sind.

Es gibt bei einem Netzwerk keinen Anspruch auf Erfüllung. Was Sie einem Teilnehmer zukommen lassen, kommt vielleicht an anderer Stelle zurück oder überhaupt nicht. Gleichzeitig können Sie von jemandem profitieren, ohne etwas gegeben zu haben. Das ist die unausgesprochene Vereinbarung der Netzwerkteilnehmer. Wer allerdings immer nur darauf aus ist zu profitieren und nichts einbringt, wird schnell wieder draußen sein. Erwarten Sie nicht sofort einen Nutzen, sondern betrachten Sie das Engagement als langfristige Angelegenheit.

Ein Netzwerk muss regelmäßig gepflegt werden, sonst veralten die Kontakte. Wenn Sie wenig Zeit für gemeinsame Treffen haben (warum?), helfen Telefonate, Briefe oder E-Mails, die Verbindung nicht abreißen zu lassen. Netzwerke leben von ihrer Vielfältigkeit und vom gemeinsamen Austausch. Schließen Sie sich Interessengruppen, Clubs oder Verbänden an, um einen Anfang zu machen. Seien Sie immer offen für neue Kontakte, und aktualisieren Sie die Adressen der Teilnehmer regelmäßig. Melden Sie sich auch einmal ohne Anlass oder wenn Sie erfreuliche Nachrichten haben.

Glaube und Spiritualität

> Im Alter bereut man vor allem die Sünden,
> die man nicht begangen hat.
> *William Somerset Maugham,*
> *englischer Erzähler und Dramatiker*

Da der Lebensbereich Glaube und Spiritualität sehr persönlich ist und es sich von selbst verbietet, bestimmte Religionen oder spirituelle Praktiken zu empfehlen, soll hier vor allem auf ein paar Voraussetzungen eingegangen werden, die eine spirituelle Auseinandersetzung und Entwicklung überhaupt erst ermöglichen. Diese dann mit Inhalt zu füllen, bleibt selbstverständlich jedem selbst überlassen.

Wir sollten diesen Lebensbereich jedoch keinesfalls vernachlässigen, denn die Auseinandersetzung mit spirituellen Themen bietet gerade auch im Alter die Chance, Antworten auf existenzielle Fragen zu finden, denen wir sonst ratlos gegenüberstehen würden.

Zeit für innere Einkehr

In unserem von Komplexität gekennzeichneten Leben sind wir oft gezwungen, unsere Aufmerksamkeit auf äußere Dinge zu richten, um uns angemessen in unserer Umgebung bewegen zu können und die vielfältigen Anforderungen zu erfüllen, die an uns gestellt werden. Gleichzeitig merken wir, dass die erlernten und oft abgefragten Verhaltensmuster nicht ausreichen, wenn es darum geht, ungewohnten Situationen zu begegnen oder größere persönliche Krisen zu meistern. Was fehlt, ist ein Gefühl für die Richtigkeit unseres Handelns, eine sichere Orientierung, ein Bewusstsein für die inneren Werte, das Vertrauen in unsere Intuition, manchmal auch der Mut, Dinge zu entscheiden und umzusetzen.

Eine Ursache für dieses Phänomen ist der Umstand, dass wir gerade in der zweiten Lebensphase zu wenig Zeit mit uns selbst verbringen. Viele Menschen sind dazu gar nicht mehr in der Lage, ja, sie haben sogar regelrecht Angst davor, allein zu sein. Hier liegt eine große Chance für die dritte Altersphase: Wir können uns wieder Zeit für uns selbst nehmen. Denn bei uns selbst fängt alles an, wenn wir geboren werden, und bei uns selbst hört alles auf, wenn wir wieder aus dem Leben scheiden. In Momenten, in denen es um weit reichende Entscheidungen, schwere Krisen oder auch bewegende Glücksmomente geht, sind wir oft allein – und der Situation dann unter Umständen nicht gewachsen.

Viele Menschen haben verlernt, aus sich selbst heraus zu denken, zu fühlen und zu handeln. Das heißt, aus ihrem Inneren, ihrer Seele, wenn Sie so wollen. Uns fehlt die Mitte, der Zugang zu unserem Wesenskern, an dem wir uns ausrichten können, der als Maßstab dient für Richtig oder Falsch, Ja oder Nein, Jetzt oder Später. Diesen inneren Ort wiederzufinden, ist gar nicht so leicht. Er existiert zwar im Verborgenen (wir hatten ihn von Anbeginn), ist aber verschüttet und verstellt durch allerlei Verhaltensmuster, rationale Einstellungen und den Lebensstil einer Gesellschaft, die mehr auf äußere als auf innere Werte setzt.

Wenn Sie Ihre eigene Mitte, Ihre seelische Balance wiederfinden möchten, brauchen Sie Zeit und Muße zur inneren Sammlung. Momente der Ruhe wollen manchmal regelrecht erkämpft werden, denn immer gibt es jemanden oder etwas, der oder das unsere Aufmerksamkeit fordert.

Die Erfahrung der Selbstbesinnung durch Entspannung, Meditation, Naturerlebnisse oder einfach Ruhe und Zeit zum Nachdenken ist von unschätzbarem Wert. Manche Menschen suchen ihr ganzes Leben angestrengt nach Erleuchtung. Sie wandern von einer Sekte zur nächsten oder besuchen wie ein Pauschaltourist Psycho-Workshops und Selbsterfahrungs-Events. Mit leuchtenden Augen kommen sie zurück und wollen am liebsten die Welt umarmen. Wenige Tage später ist die Unzufriedenheit wieder da, danach die Einsamkeit und das Unglücklichsein. Und dann wird ein neuer Workshop gebucht ...

Wir sind heute gewohnt, Fremdleistungen einzukaufen, um Probleme zu beheben. Bei einem Auto, das repariert werden muss, oder einem Controllingproblem in einem bestimmten Unternehmensbereich mag das funktionieren. Für uns selbst müssen wir aber eigene Antworten finden. Keine Religion, kein Konzept oder Lehrbuch und kein Guru kann diese Aufgabe für uns übernehmen. Lernen wir also wieder, mit uns selbst allein zu sein und Einkehr zu halten, nach innen zu schauen und die Signale unserer Seele zu verstehen.

Einen Sinn finden

In bestimmten Lebensphasen und an Wendepunkten stellen wir uns gern die Frage: »Welchen Sinn hat mein Leben?« Wir lassen die Vergangenheit Revue passieren und versuchen uns die Zukunft vorzustellen. Und dann sind wir manchmal unglücklich, verstehen vieles nicht und fühlen uns vom Schicksal schlecht behandelt. Vor allem fällt es uns schwer, zu begreifen, wie alles zusammenhängt, wohin es führen wird, und schließlich was unsere eigene Rolle in dem Geschehen sein soll. Vielen von uns kommen diese Gedanken zum ersten Mal im Alter von etwa vierzig Jahren. Aber bestimmte Ereignisse wie z. B. frühzeitiger übermäßiger Erfolg, über lange Zeit ausbleibender Erfolg, Krankheiten, Trennungen, außergewöhnliche Begegnungen usw. können uns bereits früher an diesen Punkt führen. So können junge Leute, die keinen Arbeits- oder Ausbildungsplatz finden, genauso in eine Sinnkrise geraten wie ältere, die vom Erfolg gesättigt sind und keine Herausforderungen mehr für sich sehen. Die dann häufig gestellten existenziellen Fragen: »Wo komme ich her?«, »Was soll ich hier?«, »Wo gehöre ich hin?« oder auch: »Warum gerade ich?« sind Ausdruck einer tiefen Verunsicherung. Sie lassen sich nicht einfach mit Hilfe von Patentrezepten klären. Sie beantworten sich aber auch nicht von selbst.

Die Suche nach dem (tieferen) Sinn des eigenen Lebens kann auf verschiedene Arten vonstattengehen. Zunächst einmal ist es eine Frage der Einstellung, ob ein Mensch überhaupt über sein Leben reflektiert. Tut er es nicht, führt dies wahrscheinlich immer wieder zu tief greifenden Problemen. Permanentes Sich-infrage-Stellen oder Grübeln kann sich ebenfalls erschwerend auf das Leben auswirken. Die »Klärung« der Sinnfrage bedarf der regelmäßigen Auseinandersetzung – dies wiederum erfordert Zeit. Aber auch loslassen können, sich treiben lassen und Distanz zu sich selbst und zum eigenen Alltag (z. B. durch Reisen oder fremde Einflüsse) sind wichtig. Viele Menschen finden Sinn durch den Glauben an ein Wertesystem oder an einen Gott. Andere haben existenzielle Erlebnisse oder »Erleuchtungen«. Wieder andere kommen durch leidvolle Erfahrungen an Wendepunkte in ihrem Leben, die ihnen die Sinnfrage nahebringen.

Welcher Weg der Ihre ist, hängt ganz von Ihnen und Ihren Lebensumständen ab. Vielleicht sind Sie ein Mensch, der dem Leben mit einer Haltung von Achtsamkeit und Bewusstheit begegnet. Oder Sie lassen sich treiben und vom Schicksal lenken. Vielleicht denken Sie auch, Sie können die wesentlichen Dinge im Leben selbst steuern. Oder Sie vertrauen auf ein System oder ein strenges Reglement oder eine Philosophie. Manche Menschen verbringen ihr ganzes Leben mit der Suche nach einem Sinn und nehmen diese Frage noch mit ins Grab. Andere haben ein sicheres Gefühl oder empfinden sogar Gewissheit in dieser Frage. Nicht selten ist das dann mit einem Glauben an höhere Mächte und einer demutsvollen Haltung verbunden.

Aber was für den einen funktioniert, passt noch lange nicht zu allen anderen. Denken Sie allein an die Vielfalt der Weltreligionen, die einerseits verbindende – ja fast identische – Elemente aufweisen, sich in vielem aber auch erheblich unterscheiden. Kulturelle Prägungen und individuelle Eigenschaften beeinflussen unsere Haltung ebenso wie das soziale Umfeld und unser ganz persönliches Schicksal. Es gibt keinen »richtigen« Weg auf der Suche nach dem Sinn. Es gibt nur Ihren eigenen Weg, Ihrem Leben einen Sinn zu verleihen. Finden Sie heraus, welcher es ist, und begeben Sie sich auf die spannende Reise zu sich selbst. Und planen Sie dafür Raum und Zeit ein, sonst wird diese Reise nicht stattfinden.

Die Suche nach Glück
Die Suche nach Glück ähnelt der Suche nach einem Schatz. Sie ist schwierig und langwierig, und wenn wir das Ersehnte endlich gefunden haben, können wir uns oft nur kurz freuen. Allzu schnell denken wir darüber nach, was wir als Nächstes erobern können, was uns jetzt noch fehlt zu unserem Glück. Die meisten Menschen würden auf die Frage, was denn im Leben wirklich wichtig ist, antworten: »Gesund und glücklich sein.« Aber was heißt das, glücklich sein? Ist Erfolg im Job Glück? Ist eine erfüllte Partnerschaft Glück? Kinder? Gesundheit? Autos, Pferde, Hunde, Golfspielen? Oder gar spirituelle Erfahrungen?

Ob Sie glücklich sind, hängt in hohem Maße von Ihrem Selbstverständnis, Ihrer Lebensphilosophie, Ihren Werten und Zielen sowie Ihren Prioritäten ab. Wenn Sie sich sehnlichst einen Lebenspartner wünschen, werden berufliche Erfolge, ein guter Gesundheitszustand und enge Freunde Sie nicht glücklich machen, weil Sie immer nur an das denken, was Ihnen fehlt. Wenn Sie lange arbeitslos sind und dann einen tollen Job bekommen, der Ihnen Freude bereitet, kann Sie das z. B. glücklich und zufrieden machen, obwohl Sie vielleicht nur wenig Geld verdienen und sich deswegen bestimmte materielle Träume nicht erfüllen können. Jemand, der dagegen zwanzig Jahre sehr gut verdient hat und materiell abgesichert ist, noch dazu einen interessanten und abwechslungsreichen Beruf ausübt, der ihn sehr fordert, wird sein Glück möglicherweise in einem anderen Lebensbereich suchen. Vielleicht denkt er darüber nach, auszusteigen, zu reduzieren, spirituelle Erfahrungen zu suchen.

Es gibt eine Vielzahl von philosophischen, religiösen und weltlichen Abhandlungen über das Thema Glück. Wenn Sie in eine Buchhandlung gehen, finden Sie dort etliche Ratgeber, jeder mit einer eigenen »Glücksformel«, die Ihnen angeblich Ihr Leben versüßen soll. Der Dalai Lama sagt, Liebe ist Glück. Im Zen wird die Suche nach Glück, so wie wir sie verstehen, z.T. als Irrpfad beschrieben, der letztlich unglücklich macht. Andere behaupten, jeder habe ein Recht auf Glück. Wir können an dieser Stelle nicht auf all das eingehen, sondern wollen uns auf das konzentrieren, was das Thema Lebensbalance dazu beisteuern kann. Und das ist neben einer bewussten Werteentwicklung und Zielsetzung vor allem das angemessene Ausbalancieren der fünf Lebensbereiche nach Ihren persönlichen Bedürfnissen. Je mehr Sie sich nämlich um die verschiedenen Lebensbereiche kümmern und je mehr Bewusstsein Sie für Ihre individuellen Prozesse und Problematiken entwickeln, desto mehr wird sich das Gefühl einstellen, im eigenen Leben zu Hause zu sein.

Sie werden Ihr Leben stimmiger und ausgewogener wahrnehmen, können Ihre Kräfte besser nach Ihren Vorstellungen einsetzen und ziehen Inspiration und Motivation aus dem positiven Rücklauf Ihrer Lebensinvestitionen. Sie können die Dinge, die nicht perfekt sind, leichter annehmen und sich über das freuen, was sich positiv entwickelt. Und zunehmend merken Sie auch, dass Sie Herausforderungen souveräner begegnen, weil Ihr Energietank in allen Kammern gut gefüllt ist. Sie können auf Ihr Leben schauen und sagen: »Ja, dies ist mein Leben. So bin ich damit einverstanden. Ich habe ein gutes Gefühl und bin gespannt auf das, was kommt. Ich bin dankbar für all das, was ich habe!« Vielleicht kommen Sie dahin, dass Sie nicht mehr nur auf das blicken, was Sie suchen und was Ihnen fehlt, sondern all das schätzen, was Sie bereits haben und was Ihnen täglich neu geschenkt wird. Und dann sind Sie vielleicht glücklich, obwohl Sie noch gar nicht alle Ziele erreicht haben. Das ist der Beitrag, den das aktive Streben nach einer Lebensbalance zu Ihrem Glück leisten kann.

KAPITEL 17

DAS REDUKTIONSMODELL – DIE NEUE ASKESE

> Lebenskunst ist nicht zuletzt die Fähigkeit,
> auf etwas Notwendiges zu verzichten,
> um sich etwas Überflüssiges zu leisten.
> *Vittorio de Sica,*
> *italienischer Schauspieler und Regisseur*

In unserer Gesellschaft stellt es einen hohen Wert dar, im Laufe des Lebens den eigenen Besitz zu mehren. Viele von uns definieren sich weitgehend über den eigenen Status, und wir werden nicht selten daran gemessen, was wir nach außen hin darstellen. In fortgeschrittenem Lebensalter sollen wir unseren Besitz gemehrt und es erkennbar »zu etwas gebracht« haben.

Bei einem Blick hinter die Kulissen stellt sich allerdings manchmal heraus, dass materieller Wohlstand nicht unbedingt mit innerer Erfüllung, mit Zufriedenheit und Glück einhergeht. Aus dem Wunsch nach materieller Absicherung ist ein schon fast zwanghaftes Anhäufen, Sammeln und Horten geworden. Zuweilen drohen wir gar, unter unseren Besitztümern und der damit verbundenen Komplexität und all den Verpflichtungen zu ersticken: zwei Autos, vier Radios, zwei Videorecorder, drei Fernseher, zwei Häuser, zwölf Anzüge, dreißig Paar Schuhe usw. Bei jedem wirkt sich dieser Trend anders aus. Und damit verhalten wir uns sogar ganz vorbildlich, denn nichts anderes wünscht sich die Werbung, die uns tagtäglich und allerorten mit Kaufbotschaften überhäuft. Die Folge: Wir kaufen, ohne zu brauchen. Innerhalb eines gewissen Rahmens ist das durchaus in Ordnung und kann sogar Spaß machen. Aber seien wir ehrlich zu uns selbst: Lässt sich das erreichte Ausmaß noch mit unseren tatsächlichen Werten und Lebensvorstellungen vereinbaren?

In diesem Zusammenhang ist es vielleicht interessant, sich einmal mit der Frage zu beschäftigen, auf was wir alles verzichten können, ohne dass wir spürbare Verluste erleiden. Oder andersherum formuliert: Wie können wir sogar davon profitieren, dass wir belastende, verpflichtende, Aufmerksamkeit erheischende Zeit- und Energiefresser reduzieren? Um dies herauszufinden, wollen wir die folgende Übung machen.

Übung: »Gewinnen durch Reduzieren«

Nehmen Sie sich einmal Ihre verschiedenen Lebensbereiche vor und gehen Sie in Gedanken durch, was Sie wirklich brauchen und was überflüssig ist. Denken Sie dabei vor allem an Ihre Ziele und Wertvorstellungen.

Versuchen Sie sich vorzustellen, Sie gingen auf eine lange Reise und dürften nur das mitnehmen, was Ihnen wirklich etwas bedeutet. Das können Menschen, Tiere, Gegenstände, Gewohnheiten usw. sein. Werden Sie die Reise mit einer ganzen Karawane antreten? Oder wäre es reizvoll für Sie, wie ein buddhistischer Mönch zu leben, nur mit den allernötigsten Dingen ausgestattet: einer Reisschale, einem Umhang etc.? Warum nicht materiellen gegen inneren Reichtum tauschen? Vielleicht stellt beides aber auch keinen Widerspruch für Sie dar. Finden Sie es heraus und schreiben Sie es auf.

Lebensbereich	Worauf kann ich verzichten?	Was gewinne ich dadurch?
Arbeit und Beruf bzw. nachberufliche Aktivitäten		
Partnerschaft und Familie		
Freizeit und Freunde		
Körper und Gesundheit		
Glaube und Spiritualität		

KAPITEL 18

ZEITPLANUNG – EIN THEMA FÜR DEN RUHESTAND?

> Eine Stunde ist nicht lediglich eine Stunde.
> Sie ist ein Gefäß, das mit Düften, Tönen,
> Plänen und Klimaten gefüllt ist.
> *Marcel Proust, französischer Schriftsteller*

Wir verbinden das Thema Zeitplanung in erster Linie mit dem Arbeitsleben und sind nach der Pensionierung froh, nicht mehr dauernd an Termine und Fristen, Meilensteine, Zeitfenster und Quartalsplanung denken zu müssen. Es stellt sich also zu Recht die Frage, ob Zeitplanung im Alter überhaupt vonnöten ist. Natürlich ist es Geschmackssache, ob jemand seinen Alltag lieber strukturiert, um ein Gefühl von Ausgeglichenheit und Übersicht zu haben, oder ob er oder sie die Dinge lieber spontan auf sich zukommen lässt. Vielleicht passt auch mal das eine, mal das andere. Es gibt jedoch ein entscheidendes Argument, das für den sorgfältigen Umgang mit der eigenen Zeit gerade im Alter spricht: Unsere Lebenszeit wird nicht mehr, sondern weniger. Das spüren wir in der dritten Lebensphase deutlicher denn je. Und wenn es uns wichtig ist, die uns verbleibende Zeit mit den richtigen Dingen zu verbringen, könnte eine Beschäftigung mit dem Thema durchaus sinnvoll sein. Vielleicht betrachten Sie es einfach als Angebot und entscheiden selbst, was Ihnen gefällt und worauf Sie verzichten wollen.

Der ursprüngliche Sinn einer guten Zeitplanung besteht darin, Freiräume für die Dinge zu schaffen, die uns wirklich wichtig sind. Und das ist gerade in der dritten Lebensphase ein zentrales Thema, unabhängig davon, ob wir weiterhin berufstätig sind oder nicht. Im Übrigen wäre es eine Illusion zu glauben, dass wir im Alter frei von organisatorischen Zwängen sind. Das Gegenteil ist der Fall: Bei vielen steigt vor allem der Anteil privater Aktivitäten, und so ist die Zeitplanung für Ruheständler oft anspruchsvoller als für Berufstätige, denen in der Regel feste Zeitstrukturen vorgegeben sind. Man muss sich nur umschauen: Wer bekommt schon die Aufgaben des Alltags, familiäre Pflichten, Arztbesuche, gesellschaftliches und nachberufliches Engagement, Feste, sportliche Aktivitäten und Hobbys, Zeit mit dem Partner und mit Freunden, Termine bei Behörden, Reisen und vieles andere mehr so unter einen Hut, dass auch noch genügend Zeit für ihn selbst bleibt, für Momente der Besinnung und Reflexion?

Wer viel Zeit allein verbringt, möchte vielleicht mehr Aktivitäten und soziale Kontakte in seinen Alltag einbinden und dem Tagesablauf aus diesem Grund eine klarere Struktur geben.

Die positiven Begleiteffekte einer auf die persönlichen Bedürfnisse ausgerichteten Zeitplanung machen deutlich, dass es dabei auch immer um Selbstorganisation, die Organisation des eigenen Lebens, geht:

- Der Alltag ist strukturierter.
- Wir können den wichtigen Dingen besser gerecht werden. Wir handeln bewusster.
- Die negative Stressbelastung sinkt.
- Wir können mit gutem Gewissen auch mal Nein sagen.
- Wir erleben kleine (und größere) Erfolgserlebnisse.
- Wir sind zufriedener und ausgeglichener.
- Wir lassen uns weniger ablenken und können uns besser konzentrieren.
- Wir können die zur Verfügung stehende Zeit besser nutzen.

Eine gute Selbstorganisation kann uns darüber hinaus helfen, unsere Ziele im Blick zu behalten und an ihrer Umsetzung zu arbeiten. Zeitplanung wirkt sich also positiv auf alle Lebensbereiche aus, wobei eine ihrer wertvollsten Auswirkungen darin besteht, dass sie nicht nur Ressourcen einspart – Zeit, Energie, Geld usw. –, sondern gleichzeitig erhebliche Freiräume schafft, die wir mit Dingen füllen können, die uns am Herzen liegen, sei es nun im Alltag, mit den Kindern oder dem Partner, beim Sport mit Freunden oder einfach beim Ausruhen im Garten.

Unterschätzen Sie auch nicht die positive Wirkung einer guten Zeitplanung auf die Lebensqualität. Wir leben heutzutage mit enormer Geschwindigkeit und haben eine Menge effektiver, zeitsparender Instrumente entwickelt: E-Mails, Mobiltelefone, Onlinebanking, Mikrowelle und Energy-Drinks machen es möglich, dass wir Dinge schneller und folglich mehr Dinge in der gleichen Zeit erledigen können. Anstelle einer einzigen Tätigkeit üben wir mehrere Tätigkeiten gleichzeitig aus, wie ein Multiprozessor-Computer. Aber was machen wir mit der gewonnenen Zeit? Manche fühlen sich genötigt, jede frei werdende Minute für produktive Zwecke zu nutzen, und füllen ihren Terminplan gleich wieder auf. Nie haben wir das Gefühl, genug Zeit für all das zu haben, was es noch zu tun gibt. Diese Wahrnehmung kann sich im Alter angesichts der immer kürzer erscheinenden Lebenszeit sogar verstärken.

Und dabei kommt es eigentlich gar nicht auf die Menge, sondern viel eher auf die Qualität der Zeit an: Nicht, wie viel wir in einer bestimmten Zeit leisten können, ist entscheidend, sondern wie wir diese Zeit erleben. Eine wirkliche Balance der Lebensbereiche kann nicht ohne einen gewissen zeitlichen »Spiel-Raum« entstehen. Wer das Bedürfnis hat, jede freie Sekunde effektiv zu nutzen, darf sich nicht über mangelnde Ausgeglichenheit in seinem Leben beklagen.

Um den notwendigen Freiraum zu schaffen, ist es unter Umständen notwendig, das Volumen der täglichen Aufgaben und Aktivitäten zu reduzieren. Das ist genau das Gegenteil dessen, was herkömmliche Zeitplanungsstrategien empfehlen, die versuchen, »zusätzliche« Sekunden zu gewinnen wie bei einem Formel-1-Rennen. Diese Methoden können bei der Bewältigung eines komplexen Aufgabenvolumens im Job sehr hilfreich sein. Aber es gibt einen Punkt, ab dem sie kontraproduktiv werden. Das ist der Moment, in dem jede frei werdende Zeiteinheit sofort wieder mit Produktivität gefüllt wird. Gewonnene Zeit sollte auch mal dazu genutzt werden, den Blick schweifen zu lassen oder nach innen zu richten.

Ab und zu brauchen wir die Möglichkeit zur Reflexion und Kontemplation, denn nur so lässt sich der Boden für ein erfülltes Leben bereiten. Gerade (ehemalige) Führungskräfte und Entscheider müssen oft mühsam lernen, hin und wieder nichts zu tun. Ihre Erziehung und Ausbildung hat sie ja genau gegenteilig geprägt. Wie ein Kind, das laufen lernt, fallen sie anfangs immer wieder zurück in ihre alten Verhaltensmuster.

Wollen wir unsere Zeit sinnvoll nutzen, kann es nicht schaden, wenn wir uns gelegentlich ein paar Fragen stellen: Macht mir das, was ich gerade tue, Spaß? Ist es sinnvoll? Will ich diese Tätigkeit jetzt, in diesem Moment, ausüben? Für wen erledige ich diese Aufgabe? Wie könnte ich die Zeit sinnvoller verbringen? Wie war das gestern? Und wie letzte Woche? Ein bewusster Umgang mit Zeit hilft uns, Möglichkeiten für eine sinnvolle und effektive Nutzung von Lebenszeit zu erkennen.

Auch in psychologischer Hinsicht ist Zeitplanung von Vorteil, denn sie zeigt uns unsere Erfolge auf. Wenn wir am Ende eines Tages, einer Woche oder eines Monats angelangt sind, können wir uns vor Augen halten, was wir alles geschafft haben. Streichen Sie die Aufgaben, die bereits erledigt sind, aus. Das tut gut und bringt Kraft und Motivation für neue Vorhaben. Dieses Vorgehen wird »Erfolge sammeln« genannt. Wenn Sie ein Ziel erreicht haben, belohnen Sie sich. Feiern Sie mit ihrer Familie und Freunden oder gönnen Sie sich an diesem Tag etwas Besonderes, vielleicht ein wenig Zeit zur Muße – dolce far niente …

Selbsttest: »Brauche ich Zeitplanung?«

Bitte testen Sie sich einmal kurz selbst:

- Fehlt Ihnen im Alltag ein klarer Ablauf?
- Fehlt Ihnen eine funktionierende Technik, um Ihre Zeit und die anstehenden Aufgaben zu planen?
- Haben Sie Probleme, Ihre Ziele in die Tat umzusetzen?
- Sollte Ihr Tag eigentlich 48 Stunden haben?
- Hätten Sie gern mehr Freiräume?
- Ist Ihr Stresspegel zu hoch?
- Blockieren Sie sich manchmal selbst?
- Schieben Sie ungeliebte Aufgaben gern vor sich her?
- Nehmen Sie sich immer wieder Dinge vor, schaffen es aber nicht, sie zu tun?

Wenn Sie mehrere dieser Fragen mit Ja beantwortet haben, ist das Thema Zeitplanung für Sie sicher relevant. Eine erfolgreiche Selbstorganisation kann Ihnen helfen, mehr Erfolge zu erleben, Pläne und Träume zu verwirklichen und ein ausgeglicheneres, stressärmeres Leben zu führen. Bedenken Sie: Verlorenes Geld kann wiederbeschafft werden, aber wie ist es mit verlorener Zeit?

Der tiefere Sinn der Zeitplanung

> Nimm Dir Zeit, um zu arbeiten,
> es ist der Preis des Erfolges.
> Nimm Dir Zeit, um nachzudenken,
> es ist die Quelle der Kraft.
> Nimm Dir Zeit, um zu spielen,
> es ist das Geheimnis der Jugend.
> Nimm Dir Zeit, um zu lesen,
> es ist die Grundlage des Wissens.
> Nimm Dir Zeit, um freundlich zu sein,
> es ist das Tor zum Glücklichsein.
> Nimm Dir Zeit, um zu träumen,
> es ist der Weg zu den Sternen.
> Nimm Dir Zeit, um zu lieben,
> es ist die wahre Lebensfreude.
> Nimm Dir Zeit, um froh zu sein,
> es ist die Musik der Seele.
>
> *Irische Weisheit*

Gute Zeitplanung kann viele verschiedene Gesichter haben. Im Ruhestand geht es nicht mehr darum, wie schnell und effizient wir etwas tun, sondern ob es uns hilft, unsere ganz persönlichen Ziele zu verwirklichen.

Freiräume für die wichtigen Dinge im Leben zu schaffen, ist auch eine Frage gekonnter Verwaltung der Ressource Zeit. Aber nicht nur, denn Zeit bedeutet für jeden etwas anderes. Wenn Ihre Lebensuhr morgen abläuft, können Sie dann sagen, Sie haben Ihre Zeit optimal genutzt? Auf die Frage, *wie* wir unsere Zeit einteilen sollen, welche

Nutzung also optimal ist, kann uns keine Methode der Zeitplanung eine Antwort geben. Das einem guten Instrument zur Selbstorganisation innewohnende Potential müssen wir selbst zum Leben erwecken. In Übereinstimmung mit unseren höchst individuellen Zielen, Werten und Aufgaben – sei es nun beruflich oder privat. Stellen Sie sich einmal folgende Situation vor: Sie möchten gern mit Ihrem Partner oder Ihrer Partnerin und einigen gemeinsamen Freunden in den Urlaub fahren. Auf ein Reiseziel haben Sie sich geeinigt. Nun geht es darum, welcher Reiseführer besorgt werden soll, und Sie fahren alle gemeinsam in die gut sortierte Buchhandlung in der Stadt. Meinen Sie, Sie werden sich schnell einig? Wahrscheinlicher ist wohl, dass jedem ein anderer Stil zusagt. Der eine ist eher ein visueller Typ (Dominanz der rechten Gehirnhälfte) und bevorzugt Bücher, in denen durch aussagekräftige Bilder und ein farbiges Leitsystem ein guter atmosphärischer Eindruck vom Reiseziel entsteht. Der andere wiederum ist eher rational orientiert (linkshälftige Dominanz) und wählt einen Führer mit möglichst vielen sachlichen Informationen; die Bilder sind ihm nicht so wichtig. Ganz ähnlich verhält es sich mit der Zeitplanung: Jeder braucht eine andere.

Finden Sie also zunächst heraus, was Sie eigentlich wollen (welche Ziele Sie haben, welche Aufgaben anstehen) und wobei die Zeitplanung Sie unterstützen soll. Kein Kapitän käme auf den Gedanken, lediglich nach der Uhr zu segeln. Er braucht ebenso den Kompass und muss die Breiten- und Längengrade bestimmen können, um seine Position zu orten. Es geht nicht darum, möglichst schnell voranzukommen, sondern darum, möglichst gut das Ziel zu erreichen, ohne dass Mannschaft und Schiff Schaden nehmen.

Sinn einer guten Zeitplanung ist es also nicht, das Altbekannte schneller und effizienter auszuführen, sondern sich über die aktuelle Situation hinaus Ziele zu setzen und die zur Verfügung stehende Zeit so zu planen, dass diese Ziele erreicht werden können.

Die verschiedenen Ebenen der Zeitplanung

Betrachten wir einmal die verschiedenen Ebenen der Zeitplanung:

- Jahresplanung
- Monatsplanung
- Wochenplanung
- Tagesplanung

Aufgabe des Jahresplanes ist es, übergreifende, große Ziele festzulegen. Das können persönliche Entwicklungsziele (wie z. B. eine Sprache lernen), Familienziele (z. B. die Urlaubsplanung), Vereinsziele usw. sein. Die Jahresplanung muss nicht unbedingt dem Raster des Kalenders entsprechen, enthält aber die wichtigen Meilensteine einer langfristigen Planung. Diese können sich naturgemäß zeitlich verschieben.

Bestimmte Aktivitäten wiederholen sich im Monatsrhythmus. Dazu zählt z. B. die Organisation der Finanzen. Hier kommt eine entsprechende Planung zum Einsatz.

Die ideale Ebene für die Realisierung konkreter persönlicher Aktivitäten ist die Wochenplanung. Sie ist am besten geeignet, um den einzelnen Lebensrollen gerecht zu werden, denn wer kann schon alle Rollen an einem Tag ausfüllen? Im Rahmen einer ganzen Woche ist das viel leichter möglich. Deswegen ist es empfehlenswert, die Wochenplanung in Übereinstimmung mit den Erfordernissen der Lebensrollen und persönlichen Ziele vorzunehmen. Die Wochenplanung unterstützt uns auch am besten beim Streben nach einer ganzheitlichen Lebensbalance, weil wir die zu den einzelnen Lebensbereichen gehörenden Aktivitäten gut über die Woche verteilen können.

Als kleinste für die Zeitplanung sinnvolle Größe begegnet uns der Tag mit seinen Stunden, Minuten (und Sekunden). Hier realisieren sich Termine und Aufgaben in kleinen, konkreten Zeiteinheiten.

Einfache Tagesplanung

Während für das Erreichen persönlicher Ziele und das Ausbalancieren der Lebensbereiche die Wochenplanung von entscheidender Bedeutung ist, spiegelt sich unser Alltag eher in der Tagesplanung wider, die am besten schriftlich erfolgt.

Eine realistische Planung setzt voraus, dass alle wichtigen Aktivitäten notiert werden und wir von jeder einzelnen ungefähr wissen, wie viel Zeit sie beansprucht. Zusätzlich sollten wir Pufferzeiten einbauen, falls es Verzögerungen gibt, z. B. bei Arztbesuchen. So vermeiden wir, in Zeitnot zu geraten. Außerdem können wir Prioritäten festlegen und entscheiden, womit wir uns beschäftigen und was wir eventuell weglassen wollen. Am Ende des Tages können wir unsere Aktivitäten noch einmal Revue passieren lassen: Was haben wir geschafft? Was ist unerledigt geblieben? Letzteres fließt dann als Übertrag in die nachfolgenden Tagesplanungen mit ein oder wird aussortiert, wenn es eine niedrige Priorität hat.

Das Ganze soll aber nicht zum Selbstzweck werden. Ziel der Zeitplanung ist es ja, die Abläufe effektiv zu gestalten. Auf keinen Fall soll Ihnen die Planung zusätzlich Zeit rauben. Versuchen Sie daher, Ihre Tagesplanung möglichst einfach zu halten:

- morgens kurz alle anstehenden Aktivitäten und Aufgaben notieren
- Prioritäten festlegen (nach Wichtigkeit sortieren)
- Aufwand und Zeitdauer abschätzen
- Pufferzeiten zwischen den Terminen berücksichtigen
- mit wichtigen und dringenden Aufgaben beginnen, die wichtigen Aufgaben konsequent umsetzen, weniger wichtige auch mal liegen lassen
- abends Nachkontrolle durchführen und Unerledigtes übertragen

Denken Sie bei der Tagesplanung nicht nur an die tagesaktuellen Aufgaben, sondern behalten sie auch Ihre Ziele und Ihre Wochenplanung im Auge!

Viele Menschen haben im fortgeschrittenen Alter das Gefühl, zu wenig von dem zu schaffen, was sie gern erleben oder umsetzen möchten. Das liegt zum einen natürlich daran, dass Kraft und Schnelligkeit nachlassen. Gleichzeitig ist es aber auch eine Frage der guten Selbstorganisation, ob es einem trotz oder gerade wegen der nachlassenden Kräfte gelingt, persönlich wichtige Dinge zu erledigen.

Zeitplaner und Kalender

Als praktisches Zeitplanungsinstrument für den Alltag empfiehlt sich ein Zeitplanbuch (z. B. Filofax) oder – wem es gefällt – als elektronische Variante ein kleiner Handheld-PC bzw. ein Mobiltelefon. Es gibt die unterschiedlichsten Ausführungen und Formate. Im Wesentlichen ist es Geschmackssache, welches Modell sich für einen persönlich am besten eignet. Ein paar Regeln haben sich jedoch als hilfreich erwiesen:

- Tragen Sie Ihre Ziele ein.
- Wählen Sie das Format nicht zu groß, optimal für einen Papierplaner ist A6.
- Benutzen Sie möglichst nur ein Zeitplanungsinstrument, in dem Sie alle (auch die gemeinsamen) Termine koordinieren.
- Überfrachten Sie Ihren Planer nicht mit anderen Dokumenten (z. B. Einkaufszettel, Rezepte etc.)

Der Zeitplaner sollte neben den klassischen Informations- und Organisationseinheiten vor allem eine übersichtliche Einteilung für Ihre Wochen- und Monatsplanung enthalten, in der auch alle Feiertage verzeichnet sind. Falls Sie viele Termine und Aufgaben haben, benötigen Sie darüber hinaus ein Blatt pro Tag.

Sinn eines Zeitplaners ist es, Ziele in handhabbare Einheiten zu unterteilen. Für die Tagesplanung ergeben sich daraus konkrete Aufgaben, die in Stichworten notiert werden. Aber lassen Sie sich nicht von Ihrem Kalender bestimmen, sondern bestimmen Sie! Vereinbaren Sie Termine nie ohne Ihren Planer. Überlegen Sie ganz in Ruhe, wie viel Zeit Sie benötigen werden, und berücksichtigen Sie dabei auch den Vorlauf für notwendige Vorbereitungen, Anreise usw. Unterschätzen Sie auch nicht die bei manchen Terminen erforderliche Nachbereitungszeit. Also besser nicht die Ereignisse »Schlag-auf-Schlag« planen, sondern mit ausreichend Luft dazwischen.

Erlauben Sie sich außerdem eine gewisse Souveränität und Flexibilität bei Ihrer Planung.

Ihr Kalender kann auch persönliche Dinge enthalten, wie z. B. Themenspeicher und Checklisten für wiederkehrende wichtige Aufgaben, die Sie parallel zu Ihrer Tagesplanung verfolgen.

Zeitfresser und Energieräuber

> Ich wundere mich oft darüber, wie leichtfertig man um die Zeit bittet und sie anderen gewährt. Es ist gleichsam, als wenn um ein Nichts gebeten wird.
>
> *Lucius Annaeus Seneca,*
> *römischer Dichter und Philosoph*

Die für die Umsetzung unserer Lebensziele notwendigen Freiräume werden nicht nur durch Störungen, sondern auch durch unpassende Ereignisse oder rücksichtsloses Verhalten anderer eingeschränkt. Diese Dinge »fressen« unsere Zeit und verursachen Stress, weil dadurch der Druck auf die noch ausstehenden Aufgaben, die uns persönlich wichtig sind, steigt. Dafür sind wir besonders in der dritten Lebensphase empfänglich. Zeitfresser oder Energieräuber können persönliche Eigenschaften, Ereignisse, Personen oder äußere Umstände sein:

- fehlende Werte oder Ziele
- mangelnde Orientierung
- fehlende Struktur im Alltag
- mangelnde Rücksichtnahme anderer
- keine Prioritätensetzung
- Chaos und Unordnung
- Verlegenheitsarbeiten
- »Aufschieberei«
- Perfektionismus
- Hektik und Ungeduld
- schlechte Kommunikation
- fehlende Absprachen
- schlechte Selbstorganisation
- Unfähigkeit, Nein zu sagen
- Stress und emotionaler Druck
- Streitereien und Konflikte
- unzureichende Entscheidungsfähigkeit

Diese Liste ließe sich noch weiter fortsetzen. Zusammenfassend können wir sagen: Zeitfresser und Energieräuber sind alle Eigenschaften, Verhaltensweisen und Ereignisse, die nicht konstruktiv zur Bewältigung eines Vorhabens beitragen, sondern sich negativ auf deren Erledigung auswirken. Belastend sind sie vor allem dann, wenn sie den notwendigen Kraftaufwand erhöhen und Stress verursachen.

Vor allem gegenüber Menschen, die uns Zeit »stehlen«, brauchen wir Durchsetzungsfähigkeit, Beharrungsvermögen und ein gewisses Maß an Einfühlung, um uns zu schützen.

Die leidige Aufschieberei

> Niemand hetzt andere so wie die Faulen,
> wenn sie ausgefaulenzt haben, damit sie
> fleißig erscheinen.
>
> *Francois la Rochefoucauld,*
> *französischer Schriftsteller*

Viele Menschen erleiden Nachteile, weil sie wichtige Aufgaben zu lange vor sich herschieben und sich stattdessen angenehmeren »Pseudo«-Aufgaben widmen. Das kann alles sein vom Wohnungsputz oder Einkaufsbummel bis zu engagierter Gartenarbeit, nur nicht die eigentliche Aufgabe. Interessant ist, dass wir ein erstaunliches Geschick dabei entwickeln, uns mit Stellvertretertätigkeiten zu legitimieren. Wir sind sogar bereit, Mehrarbeit zu leisten, und erhalten unter Umständen von Uneingeweihten Anerkennung dafür. Oft bemerken wir den »Betrug« nicht einmal selbst, sondern stellen nur frustriert fest, dass wir uns wieder einmal nicht um diese oder jene Sache (wie z. B. einen wichtigen Arztbesuch) gekümmert haben.

Dies alles hat nicht in erster Linie mit Faulheit zu tun,

sondern ist eher ein psychologisches Problem. Wir meiden die Dinge, die wir nicht mögen. Aber sie kommen zu uns zurück, wieder und wieder, und stehlen unsere Zeit und Energie an anderer Stelle, bis wir uns endlich angemessen mit ihnen auseinandergesetzt haben. Auch so gehen Freiräume verloren, die wir sinnvoller nutzen könnten.

Konsequent und unauffällig verbannen wir unliebsame Aufgaben in die Dunkelheit. Wie geht das vor sich? Nun, wir vergeben einfach höhere Prioritäten für dringende und angenehme Aufgaben und reden uns ein, das Richtige zu tun. Tatsächlich ist es aber sinnvoll, an den wichtigen Aufgaben zu arbeiten, und die sind leider nicht immer angenehm.

Auch die Vorstellung, es sei noch nicht der richtige Moment, morgen oder nächste Woche aber stünden die Zeichen günstig, dann sei gewiss eine optimale Erledigung möglich, verhilft uns dazu, wichtige Dinge auf die lange Bank zu schieben.

Wenn wir im Alltag den Überblick verlieren, neigen wir ebenfalls dazu, weniger angenehme oder komplex wirkende Aufgaben zu verdrängen, ohne uns ihrer Wichtigkeit bewusst zu werden. Irgendwann steht der Termin dann doch an, und dann drängt sich die aufgeschobene Pflicht erneut zwischen das Geschehen und trägt zu einer Verschlimmerung des Durcheinanders bei. Ein Teufelskreis. Sie merken das daran, dass Sie z. B. bei der Arbeit an andere Dinge denken, zu Hause nicht von beruflichen oder anderen Pflichten lassen können, beim Sport wiederum unkonzentriert sind, weil Sie darüber grübeln, wann Sie den Dachboden aufräumen sollen. Die Lebensrollen geraten durcheinander.

Ein sehr wichtiger Aspekt, der oft außer Acht gelassen wird, ist das Aufschieben von notwendigen Lernprozessen. Lebenslanges Lernen ist heute zwar in aller Munde, vielfach aber zum Lippenbekenntnis verkommen. Wenn Sie mit stumpfen oder falschen Werkzeugen arbeiten, kommen Sie schlechter voran, ja, Sie können sich sogar verletzen. Das gilt auch für die späteren Lebensjahre. Wichtige Dinge werden manchmal nur deswegen aufgeschoben, weil wir nicht gelernt haben (oder nicht lernen wollten), die notwendigen Geräte zu bedienen, z.B. Bankautomaten, moderne Telefone, Videorecorder oder Computer. Dabei geht es ja im Alter nicht mehr ums »Mithalten«, sondern vor allem darum, welche zusätzlichen Möglichkeiten wir nutzen können, um unser Leben nach unseren Vorstellungen zu gestalten. Und es geht auch darum, die Fähigkeiten zu erwerben, die uns dabei unterstützen. Je mehr wir selbst können, desto weniger sind wir von anderen abhängig. Schärfen Sie also Ihre Werkzeuge hin und wieder und lernen Sie Dinge, die Ihnen bei der Verrichtung Ihrer Aufgaben helfen. Dann brauchen Sie auch nichts Wichtiges mehr aufzuschieben.

Wenn Sie sich bewusst werden, dass Sie eine wichtige Aufgabe schon seit langer Zeit vor sich herschieben und zwischendurch immer mal wieder darüber nachdenken müssen, dann kann nicht mehr nur von verdecktem Aufschieben gesprochen werden. Hier müssen gravierendere Gründe vorliegen:

- Fühlen Sie sich von der Aufgabe überfordert?
- Hindert Sie ein Konflikt?
- Haben Sie Angst vor der Aufgabe oder den möglichen Folgen?

- Haben Sie Schwierigkeiten mit der Entscheidung?
- Befürchten Sie zu »versagen«?

Sollte einer oder mehrere dieser Punkte auf Ihre Situation zutreffen, ist es notwendig, dass Sie sich über die Ursachen des Aufschiebens Gedanken machen und zunächst die zugrunde liegenden Probleme lösen. Ist z. B. ein bestehender Konflikt erst einmal geklärt, erledigt sich die Aufschieberei in der Regel von selbst.

Was hilft noch gegen Aufschieben? Grundsätzlich stehen Ihnen verschiedene Wege offen.

Mit anderen Personen können Sie:

- Vereinbarungen und Absprachen treffen
- Grundregeln des Zusammenlebens und der Zusammenarbeit festlegen
- persönliche Interessen und Motive ansprechen

Für Sie persönlich wirkt unterstützend:

- ein passendes, gut funktionierendes Zeitplanungssystem
- das Überwinden von Widerständen und Problemen
- die effektive Beseitigung von Störungen
- »Verträge«, die Sie mit sich selbst schließen
- eine ehrliche Selbstbetrachtung

Im Ernstfall, also wenn Sie dazu neigen, sich selbst zu blockieren, und andere Maßnahmen nicht helfen:

- Sprechen Sie über Ihr Problem; schon das kann Sie weiterbringen.
- Versuchen Sie, Aufgaben gemeinsam mit anderen anzugehen.
- Ziehen Sie eventuell eine Therapie oder eine Beratung in Betracht.

KAPITEL 19

KREATIVER LEBEN – ABWECHSLUNG FÜR DEN ALLTAG

Die Möglichkeiten, unser Leben auch in fortgeschrittenem Alter kreativ und abwechslungsreich zu gestalten, sind vielfältig. Interessieren Sie sich für alles, was Ihnen begegnet. Entwickeln Sie die Fähigkeit, die Welt als ein Wunder wahrzunehmen, und lernen Sie wieder, zu staunen wie ein Kind. Wir können von Kindern am allermeisten lernen, wenn es darum geht, offen und unvoreingenommen an Dinge heranzugehen, eine Fähigkeit, die uns mit zunehmendem Alter oft abhandengekommen ist.

Einer unserer größten Fehler besteht darin, dass wir Dinge zu schnell bewerten. Natürlich ist es wichtig, eine Meinung zu haben und Position zu beziehen. Wie sollen sich sonst Einstellungen und Werte herausbilden? Allerdings neigen wir als Erwachsene dazu, vorschnell zu urteilen. Wir gehen von unserer vermeintlichen Erfahrung aus und machen, wenn uns etwas Neues begegnet, lediglich eine Art Musterabgleich mit früheren Erlebnissen. Sobald sich Ähnlichkeiten oder Parallelen abzeichnen, ist die Sache für uns klar. Wir glauben, Bescheid zu wissen. Tatsächlich aber nehmen wir uns dadurch die Möglichkeit, den Reichtum des Neuen zu entdecken. Kreativ leben heißt, nichts als selbstverständlich hinzunehmen, Ereignisse und Erlebnisse zu hinterfragen, täglich das Wunder des Lebens neu zu erkennen.

Diese Haltung lässt sich auch in den Alltag der dritten Lebensphase integrieren. Hüten Sie sich vor allzu viel Routine, wählen Sie z. B. nicht immer denselben Weg, um Ihre Besorgungen zu machen. Versuchen Sie, Ihre täglichen Aufgaben inhaltlich abwechslungsreich zu gestalten. Trauen Sie sich auch mal an neue und unbekannte Dinge heran und beharren Sie nicht stur auf Ihrer Erfahrung. Ungelöste Konflikte mit Mitmenschen können sehr destruktiv und belastend sein. Tragen Sie durch Ihr Verhalten dazu bei, dass sich die Situation entspannt. Reden Sie miteinander, und hören Sie sich gegenseitig zu. Es gibt viele Gelegenheiten, voneinander zu lernen, es hängt von uns ab, ob wir sie wahrnehmen. Seien Sie offen, konfliktfähig und flexibel, laufen Sie vor Problemen nicht davon, sondern suchen Sie nach neuen Wegen, sie zu lösen.

Mittags könnten Sie zur Abwechslung mal spazieren oder schwimmen gehen, anstatt wie immer um die gleiche Zeit zu essen. Oder Sie laden Freunde zum Essen ein. Trauen Sie sich, Papiere auf dem Boden auszubreiten oder an die Wand zu heften, wenn Sie den Überblick verlieren, und gestalten Sie Ihr Leben so, dass es Ihnen wirklich gefällt. Es liegt an Ihnen selbst, ein wenig Farbe und Licht hereinzulassen.

Sie werden sehen, es lohnt, sich mit sich selbst Mühe zu geben. Das bedeutet auch, dass wir die Fähigkeit entwickeln, mit uns selbst allein zu sein, ohne uns zu langweilen. Wir müssen oft mühsam wieder lernen, uns zu konzentrieren, zu groß ist die Versuchung, uns durch Fernsehen, Zeitung oder die Wirtschaft an der Ecke ablenken zu lassen.

Die meisten Menschen behindern sich auch im Alter in ihrer Leistungsfähigkeit selbst. Sie richten zu hohe Erwartungen an sich und ihr Vorhaben oder sind durch zwanghaftes Festhalten an falschen Wertvorstellungen oder Glaubensfragen eingeengt. Wir sollten lernen, unseren ureigensten Fähigkeiten wieder zu vertrauen, uns etwas zuzumuten, unmöglich erscheinende Dinge erst zu versuchen, bevor wir aufgeben. Oft steht uns unser eigener Leistungsanspruch im Weg, und wir sind zu verblendet, um das zu erkennen.

Ob Sie es glauben oder nicht: Eine der unerschöpflichsten Quellen für neue Ideen und Problemlösungen sind Fehler. Man muss sie nur machen! Und vor allem ein Bewusstsein dafür entwickeln, wie und was man daraus lernen kann. Der Weg zu den erfolgreichsten Erfindungen und Innovationen ist bekanntermaßen gepflastert mit Unfällen, Irrtümern, Fehltritten und Katastrophen. Besonders begabt im »Missbrauch« der vermeintlich richtigen Methoden und Techniken waren Genies wie Einstein oder Edison. Was wären wir ohne diese Menschen, die oftmals in der Schule kaum integrierbar waren (sie passten nicht in die Norm) und dann später, als sie endlich »Fehler« machen durften, die Welt um so viele wunderbare Entdeckungen bereicherten?

Fehler zu begehen, setzt gerade im fortgeschrittenen Lebensalter eine gewisse Risikobereitschaft im Denken und Handeln voraus. Allerdings: Wer sagt denn, dass es schiefgehen muss? Schließlich hat der bisherige Weg ja offensichtlich auch nicht immer zum Ziel geführt, sonst wären wir nicht in die Verlegenheit geraten, neue Ansätze suchen zu müssen. Und außerdem: Wo gehobelt wird, fallen Späne. Ihre Mühen werden also nicht umsonst sein. Selbst wenn sich herausstellt, dass Sie mit der neuen, unkonventionellen Methode nicht genau Ihr Ziel erreicht haben, so haben Sie mit großer Wahrscheinlichkeit doch Erfahrungen gemacht, von denen Sie profitieren und auf denen Sie aufbauen können. So manche große technische oder wissenschaftliche Errungenschaft war eigentlich ein Abfallprodukt. Der Erfinder suchte ursprünglich nach Silber und stieß beim Bohren auf Gold. Hätte er den Unkenrufen der anderen Glauben geschenkt, er wäre immer noch ein armer Mann.

Wenn Sie mehr Kreativität in Ihr Leben integrieren wollen, brauchen Sie eine Umgebung, in der Sie sich wohlfühlen. Schaffen Sie sich eine angenehme Lebens- und Arbeitsatmosphäre für Ihre persönlichen Projekte. Sie können z. B. Ihre Wohnung umgestalten, die Wände streichen, ein paar neue Möbel und Pflanzen oder einen schönen Teppich besorgen. Versuchen Sie, alles etwas aufzulockern, lassen Sie ruhig eine persönliche Note zu. Sie werden sehen, es wird nicht nur Ihnen gefallen. Stellen Sie sich bei den täglichen Aufgaben schöne Musik an und stehen Sie ab und zu mal vom Stuhl auf oder machen etwas Gymnastik. Vielleicht fällt Ihnen das Denken im Stehen leichter als im Sitzen. Warum besorgen Sie sich dann nicht ein Stehpult oder vielleicht eine Liege? Um gute Ideen zu entwickeln, brauchen wir Zeit und Ruhe. Das bedeutet, dass wir gelegentlich in Klausur gehen, uns von den Ablenkungen und Zugriffen anderer vorübergehend abschotten müssen. Das gilt auch für die eigene Familie.

Abseits der gewohnten Bahnen zu denken, kann Spaß machen, ja sogar lustig sein. Ihre Lebensbalance ist dann wirklich gut gelungen, wenn sie Ihnen ein positives Grundgefühl vermittelt. Die Basis einer gesunden Einstellung zu sich selbst und zum Leben ist bekanntermaßen Humor. Unter permanentem äußeren oder inneren Druck kann man nicht gut lachen (Ausnahme: Galgenhumor) und nicht gut leben. Nehmen wir uns selbst und die Dinge also nicht zu ernst. Es gibt nicht immer nur Richtig und Falsch, sondern meistens verschiedene Wege, die funktionieren. Warum nicht den wählen, der am meisten Spaß macht? Humor hat viel mit Lebenskunst zu tun. »Die Dinge auf den Kopf stellen« oder »Herumkaspern« ist manchmal wirklich nötig, um auf andere Gedanken zu kommen. Wenn es uns Spaß macht, dann kann es auch anderen Spaß machen!

Eine weitgehend verkannte, aber stete Quelle der Inspiration ist unser Alltag. Hier finden wir unzählige Beispiele für geschickte Improvisation, ungewöhnliche Konstrukte und innovative Detaillösungen. Die meisten Erfindungen sind wahrscheinlich aus Notwendigkeiten oder Defiziten entstanden, auf die der Erfinder in seinem persönlichen Alltag gestoßen ist. Wir erleben diese geistige Kreativität bei uns selbst vor allem dort, wo wir gezwungen sind, Lösungen zu finden, weil es keine fertigen Patente gibt. In diesem Sinne ist Lebensbalance immer auch ein kreativer Prozess.

KAPITEL 20

DAS PRINZIP ANPASSUNG – LEBENSMANAGER ODER BLATT IM WIND?

»Was ist, wenn der Baum verdorrt
und die Blätter fallen?«, fragt der Mönch
den Meister Unmon.
»Der goldene Wind!«
*Zen-Koan, zit. nach Willigis Jäger,
Benediktinermönch und Zen-Meister*

Ganzheitliche Lebensgestaltung ist naturgemäß eine sehr dynamische Aufgabe, und das bleibt sie auch im so genannten Ruhestand. Wenn wir lernen, Dinge, die sich unserem Einfluss entziehen, anzunehmen, und zugleich dort, wo wir etwas bewirken können, bewusst und aktiv Impulse zu setzen, stellt sich oft ein Gefühl der Zufriedenheit ein. Doch um das tun zu können, braucht es Demut, Selbstvertrauen und innere Stärke, Eigenschaften, die unser heutiger Lebensstil nicht gerade fördert. Die meisten Menschen kommen erst durch leidvolle Erfahrungen und Schicksalsschläge dahin, an sich selbst zu arbeiten und sich offen in den Wind des Lebens zu stellen – im unverstellten Blick zugleich die Realität und die eigenen Lebensziele.

Zu einer erfolgreichen Lebensbalance gehört auch das Loslassen. Von äußeren Umständen, Menschen, Einflüssen, Werten und Einstellungen, die uns bei der Verwirklichung unserer Lebensvisionen gravierend stören, Abschied zu nehmen, ist schwer. Im Verlauf dieses Prozesses kommt es unweigerlich zu Verlustängsten, Konflikten und möglicherweise Verletzungen. Aber wenn wir uns nicht von Belastungsfaktoren befreien, ist eine wirkliche Entwicklung nicht möglich. Ballast abzuwerfen, befreit die Seele! Das muss allerdings nicht unbedingt heißen, dass wir Dinge oder Menschen aus unserem Leben »entfernen«. Oft ist es auch unsere eigene Unfähigkeit oder eine falsche Einstellung, die uns im Wege steht. Hier ist es vielleicht hilfreich, sich immer wieder diesen Satz aus der Motivationslehre zu vergegenwärtigen:

Change it, love it or leave it!

Übersetzt bedeutet das: Wenn dir etwas nicht gefällt, dann versuche zuerst, ob du es ändern kannst (Aktion). Wenn das nicht möglich ist, prüfe, ob es dir möglich ist, es anzunehmen (Demut), dich daran zu gewöhnen oder sogar Positives darin zu entdecken (Weisheit). Wenn auch das unmöglich ist, solltest du dich davon befreien (Konsequenz). Wir sollten bei der Anwendung dieser einfachen Lebensweisheit berücksichtigen, dass wir nicht immer alles allein bewältigen müssen. Es ist durchaus richtig, uns Hilfe zu holen, wenn wir nicht weiterwissen.

Manchmal müssen wir Dinge auch einfach geschehen lassen und auf eine gute Entwicklung vertrauen. Nicht alles ist planbar und lässt sich kontrollieren! Und nicht immer ist unsere linke (rationale) Hirnhälfte der richtige Ratgeber. Sich dem Fluss des Lebens anzuvertrauen, muss nicht unbedingt Ausdruck von Passivität, sondern kann auch ein Zeichen von Reife und Stärke, ja sogar Weisheit sein. Wir können diese Haltung öfter bei älteren Menschen beobachten, wenn sie die »Leistungsphase« des Lebens hinter sich gelassen haben. Viele von ihnen würden sich nicht mehr so verrückt machen, hätten sie noch ein zweites Mal die Chance, vergangene Lebensstationen zu durchlaufen.

Das Prinzip der Anpassung (nicht unbedingt der Unterordnung) findet sich als Grundwert in uralten Kulturen. In der Zen-Lehre wird dies gern am Beispiel des Bambus erläutert: Bei Sturm bricht er im Gegensatz zu anderen Gewächsen nicht, weil er flexibel ist und seine Zweige sich dem Druck der Windböe zunächst beugen (Demut), anschließend aber sofort wieder aufrichten (Impuls). Der Bambus ist unempfindlich, wächst das ganze Jahr über an den verschiedensten Orten (Anpassung) und zeichnet sich vor allem durch ein sehr kräftiges Wurzelwerk aus (Kraft und Ausdauer). In anderen Kulturen finden wir ähnliche Beschreibungen, so z.B. in Russland und Osteuropa über die Birke oder in Tschechien über das Verhalten der Bevölkerung gegenüber der russischen Besatzung während der sanften Revolution, die in aller Welt Erstaunen auslöste und Beifall erntete.

Sie können versuchen, jederzeit Steuermann in Ihrem eigenen Leben zu sein, oder Sie können sich wie ein Blatt absichtslos im Wind treiben lassen. Beide Konzepte haben ihre Vorteile und Grenzen. Vielleicht entscheiden Sie sich auch für beides – je nachdem, was Ihre Lebenssituation oder Ihre aktuelle Herausforderung verlangt. Das ist für uns eine sehr fruchtbare Möglichkeit: von der Vielfältigkeit an Lebensanschauungen profitieren und sich nicht starr an ein Konzept klammern.

Bewusste Lebensgestaltung kann man auch als »Lebensmanagement« verstehen. Dahinter steckt die Vorstellung, dass wir Architekten unseres eigenen Lebens sind. Im Laufe der Zeit stellen wir jedoch fest, dass nicht alles beeinflussbar ist. Viele Dinge scheinen entweder zufällig oder aber durch höhere Fügung zu geschehen. Und manches passiert auch, ohne dass wir den Sinn oder die Zusammenhänge begreifen. Um glücklich sein zu können, müssen wir uns von der Vorstellung verabschieden, dass wir auf alle Ereignisse Einfluss haben. Das macht uns aber noch lange nicht zu hilflosen Opfern einer höheren »Gewalt«, auch nicht im fortgeschrittenen Alter. Wir können immer noch selbst bestimmen, wie wir mit den Geschehnissen umgehen, wie wir damit fertig werden. In der dritten Altersphase stellen sich uns große Herausforderungen im persönlichen Bereich, weil wir dort noch einmal einen deutlichen Kurswechsel erleben. Umso mehr kommt es darauf an, zu erkennen, welche Dinge wir beeinflussen können, und uns mit dem abzufinden, was wir nicht ändern können. Um dazu in der Lage zu sein, müssen wir lernen, innezuhalten und auf die Signale zu horchen, die uns unser Körper und unser Geist senden. In diesen Signalen steckt letztlich, in Form der Intuition, all unsere Lebenserfahrung.

Das Umsetzen von Lebenszielen erfordert Geduld. Manchmal mehr, als wir aufbringen können. Damit uns unterwegs nicht die Luft ausgeht, ist es wichtig, im Hier und Jetzt zu leben und zu lernen, Glück und auch eine gewisse Erfüllung im Alltag zu finden. Dies kann eine unerschöpfliche Quelle von Kraft und Motivation werden, was gerade dann wichtig ist, wenn sich unser Alltag verändert, z. B. durch den Übergang in eine neue Altersphase.

Im Leben stehen banale und existenzielle Dinge oft dicht beieinander und erfordern, obwohl sie für uns von so unterschiedlicher Bedeutung sind, gleichermaßen unsere Aufmerksamkeit. Nicht immer können wir einen sinnvollen Zusammenhang oder eine nachvollziehbare Ordnung erkennen, und so fällt es uns zuweilen schwer, durch diesen »Alltagsdschungel« hindurchzufinden.

Wenn wir lernen, dass Schönheit und Vollkommenheit auch im Alltäglichen stattfinden, und wenn wir unsere Sinne schärfen für die kleinen Geschenke und Glücksmomente, die fast jeder Tag bereithält, schöpfen wir Kraft und Energie für unsere lange Lebensreise, an deren Ende das steht, was der Theologe, Benediktinermönch und Zen-Meister Willigis Jäger »die Vollendung der Geburt« nennt. »Der goldene Wind, das ist in Asien auch eine Umschreibung für die Zeit des Alters«, erklärt er.[92] »Der Baum verdorrt‹ ist hier nicht negativ gemeint, es fällt so manches ab, was mich hindert, ganz Mensch zu sein.« Übersetzt heißt das in Jägers Worten: »Wenn deine Konzepte und Vorstellungen, die du von der Welt und den Dingen hast, wegfallen, was bleibt dann übrig? […] Der goldene Wind, das ist die reine Erfahrung der Wirklichkeit. Es ist die Erfüllung unseres Lebens. Wir sind angekommen.«

Als meine Augen alles gesehen hatten,
kehrten sie zurück zur weißen
Chrysantheme.

Basho, japanischer Dichter

Danksagung

Mein Dank für wichtige Impulse, bereichernde Gespräche und inhaltliche Anregungen zu diesem Buch geht an meine Familie. Insbesondere danke ich Birgit Baus für die ersten Anregungen und persönlichen Hinweise, Heidi Baus für die Teilhabe an ihren Erfahrungen, Falk Baus und Mailu Liebe für die Korrektur und das umfassende Feedback, Maria-Luise und Hans-Heinrich Petersen für die Korrektur und die wertvollen Erfahrungsberichte, Maike Petersen für die gute Unterstützung. Ebenfalls danke ich Heidrun und Peter Papendieck sowie Helga Waller-Baus und Ulf Baus für Anregungen und Gespräche. Vielen Dank auch an Claudia Schlottmann für das umsichtige Lektorat.

ANMERKUNGEN

1 Laslett, Peter, 1995, S. 35
2 Sigrist, Annamaria: Deutschlandradio 23.02.2005
3 Informationszentrum der deutschen Versicherer »ZUKUNFT klipp + klar«
4 ebd.
5 Schenk, Herrad, 2005, S. 20
6 ebd.
7 Sigrist, Annamaria: Deutschlandradio 23.02.2005
8 Buck, Hartmut, Fraunhofer-Institut für Arbeitswirtschaft und Organisation in Stuttgart, in: Sigrist, Annamaria: Deutschlandradio 23.02.2005
9 vgl. hierzu: Drucksache Deutscher Bundestag 14/8800, S. 63
10 Quelle: Statistisches Bundesamt
11 ebd.
12 Kuert, Matthias, 2003
13 nach: Lindenhan, Jürgen: www.htwm.de/wbildung/Vortraege_Kurzfass/1999/lebenssinn.htm, Stand: Dez. 2006
14 Stauder, K. H., 1955. Jores, Arthur, 1969
15 Parnes, H., 1981. Goudy, W.J., 1981
16 Mayring, Philipp, S. 6
17 ebd., S. 7
18 Quelle: www.spiegel.de/politik/deutschland/0,1518,203264,00.html, Stand: Dez. 2006
19 Mayring, Philipp, S. 8

20 ebd., S. 9
21 Schlaffer, Hannelore, 2003
22 Schenk, Herrad, 2005, S. 22
23 McLean, Richard, 2004, S. 86 f.
24 Quelle: Informationszentrum der deutschen Versicherer »ZUKUNFT klipp + klar«
25 So unter: www.die-rente.info, www.bmas.bund.de/BMAS/Navigation/rente.html, Stand: Dez. 2006. Weitere Informationen: Bundesministerium für Gesundheit und Soziale Sicherung (BMGS), Referat Öffentlichkeitsarbeit, 11017 Berlin
26 Schneider, Hans-Dieter, S. 22
27 ebd.
28 Informationen unter: www.jahresringe-ev.de, Stand: Dez. 2006 Sitz: Berlin. Mehrere Landesverbände in den neuen Bundesländern.
29 Informationen unter: www.zwar.org, Stand: Dez. 2006
30 Informationen hierzu unter: www.bmfsfj.de, Stand: Dez. 2006
31 Deutsche Rentenversicherung Bund, 10704 Berlin http://www.deutsche-rentenversicherung-bund.de, Stand: Dez. 2006
32 Arbeitsgemeinschaft für betriebliche Altersversorgung e.V., Rohrbacherstr. 12, 69115 Heidelberg. www.aba-online.de, Stand Dez. 2006
33 Bundesagentur für Arbeit, Regensburger Str. 104, 90408 Nürnberg. www.arbeitsagentur.de, Stand: Dez. 2006
34 Verband Deutscher Rentenversicherungsträger, Eysseneckstr. 55, 60322 Frankfurt/Main. www.deutsche-rentenversicherung.de, Stand: Dez. 2006
35 Schmidt-Scherzer, Reinhard, 1981, S. 1115 ff.
36 ebd.
37 Dobler, Sabine, S. 38
38 ebd., S. 41
39 ebd., S. 48
40 So waren z. B. in Österreich im Jahr 2000 ca. 84 Prozent der Männer und 71 Prozent der Frauen im Alter zwischen 60 und 64 Jahren verheiratet. Quelle: Buchebner-Ferstl, Sabine, in:

www.familienhandbuch.de/cmain/f_Aktuelles/a_Elternschaft/ s_1188.html, Stand: Dez. 2006

41 Vinick, B.H. et al., 1992, 129-144
42 Dorfman, L.T., 1992
43 Vinick, B.H. et al., 1991
44 Dierks, Sven, 1997
45 Schindler, Ludwig et al., 2001
46 Kolland, Franz, 1988, S. 84
47 Laslett, Peter, 1995, S. 35
48 Joas, Hans, 2001, S. 135
49 Mogge-Grotjahn, Hildegard, 1999, S. 124
50 Steden, Hans Peter, 1999, S. 109
51 Chodorow, Nancy J., 1994
52 Bammé/Holling/Lempert, 1999, S. 84
53 Fritz, Hannelore, 2003, S. 24
54 Tembrink, Klaus, 2002, S. 8
55 Mogge-Grotjahn, Hildegard, 1999, S. 127
56 nach: Joas, Hans, 2001, S. 160
57 Windolf, Paul, 1981, S. 54
58 Tembrink, Klaus, 2002, S.16
59 Windolf, Paul, 1981, S. 55
60 Bammé/Holling/Lempert, 1999, S. 67
61 Naegele, Gerhard, 1992, S. 376 ff.
62 Tembrink, Klaus, 2002, S. 20
63 Quelle: Statistisches Bundesamt.
   www.destatis.de/presse/deutsch/pm2002/p1530024.htm, Stand: Dez. 2006
64 Fritz, Hannelore, 2003, S. 25
65 ebd.
66 ebd., S. 26
67 Mogge-Grotjahn, Hildegard, 1999, S. 127
68 Kiefer, Tina, 1997, S. 61 ff.
69 Fritz, Hannelore, 2003, S. 27
70 Tembrink, Klaus, 2002, S. 10

71 Zweiter Zwischenbericht der Enquetekommission »Demografischer Wandel«, 1998, S. 626
72 ebd., S. 80
73 Tembrink, Klaus, 2002, S. 26
74 Windolf, Pau, 1981, S. 52
75 vgl. hierzu: Kiefer, Tina, 1997, S. 48
76 vgl. ebd., S. 60
77 vgl. hierzu: Stadien des Sterbens nach Elisabeth Kübler-Ross, in: Joas, Hans, 2001, S. 160
78 Atchley, R.C., 1979, S. 63 ff.
79 ebd.
80 Spiller, Hansjürgen, 2005, S. 11 f.
81 dargestellt in: Nuber, Ursula, 2005
82 nach: Informationszentrum der deutschen Versicherer »ZUKUNFT klipp + klar«
83 Nuber, Ursula, 2005, S. 25
84 ebd.
85 McLean, Richard, 2004; S. 129 f.
86 nach: Stark, Michael/Sandmeyer, Peter, 2001, S. 33; hier jedoch ergänzt um den Bereich Glaube und Spiritualität
87 vgl. hierzu auch das Energiefass-Modell in: Stark, Michael/Sandmeyer, Peter, 2001, S. 35 ff.
88 dargestellt in: Seiwert, Lothar J., 1994, S. 131 ff.
89 dargestellt in: ebd., S. 138 ff.
90 Simon, Claus Peter, 2005, S. 21
91 nach: Fontana, David, 2003
92 Jäger, Willigis, 2005

LITERATURHINWEISE

Bücher

Atchley, Robert C.: The Sociology of Retirement, New York 1979

Bammé, Arno/Holling, Eggert/Lempert, Wolfgang: Studienbuch – Berufliche Sozialisation, Bad Heilbrunn 1999

Beck, Ulrich/Vossenkuhl, Wilhelm/Ziegler, Ulf E.: Eigenes Leben, München 1995

Chodorow, Nancy J.: Feminities, Masculinities and Sexualities: Freud and Beyond, University of Kentucky Press 1994

Cobaugh, Heike M./Schwerdtfeger, Susanne: Work-Life-Balance, München 2003

Dierks, Sven: Hausfrauen im Ruhestand!? Identitätsprobleme in biographischen Übergangsphasen, Hamburg 1997

Fontana, David: Einführung in die Zen-Meditation. Der Weg durch das torlose Tor, Berlin 2003

Fritz, Hannelore: Besser leben mit Work-Life-Balance, Frankfurt am Main 2003

Herwig, Ute: Zeit managen, München 2001

Hess, B.B./Markson, E.: Growing Old in America, New Brunswick 1991

Ilmarinen, Juhani: Ageing workers in the European Union – Status and Promotion of Work Ability, Employability and Employment. Finnish Institute of Occupational Health, Ministry of Social Affairs and Health, Ministry of Labour, Helsinki 1999

Joas, Hans: Lehrbuch der Soziologie, Frankfurt am Main 2001

Jores, Arthur: Um eine Medizin von morgen. Beiträge zur ärztlichen Besinnung auf den ganzen Menschen, Bern 1969

Kiefer, Tina: Von der Erwerbsarbeit in den Ruhestand, Bern/Göttingen/Toronto/Seattle 1997

Kuhn, K./Taylor, Ph./Lunde, A./Mirabile, M.-L./Reday-Mulvey, G.: Career Planning and Employment of Older Workers Action Research Report. Re-Integration of Older Workers into the Labour Market, Maastricht 1998

Laslett, Peter: Das dritte Alter. Historische Soziologie des Alterns, Weinheim/München 1995

Löhr, Jörg/Spitzbart, Michael/Pramann, Ulrich: Mehr Energie fürs Leben, München 2000

Mayer, K.U./Baltes, P.B. (Hrsg.): Die Berliner Altersstudie, Berlin 1996

McLean, Richard: ZEN-Geschichten für den Alltag – Herausforderungen mit Gelassenheit begegnen, München 2004

Mogge-Grotjahn, Hildegard: Soziologie – Eine Einführung für soziale Berufe, Freiburg im Breisgau 1999

Naegele, Gerhard: Zwischen Arbeit und Rente – Gesellschaftliche Chancen und Risiken älterer Arbeitnehmer, Augsburg 1992

Niemeyer, Rainer/Seiffert, Manuel: Motivation, München 2002

Parnes, Herbert S.: Work and Retirement, Cambridge MIT Press 1981

Schindler, Ludwig et al.: Partnerschaftsprobleme. Möglichkeiten zur Bewältigung. Ein Handbuch für Paare, Heidelberg 2001

Schlaffer, Hannelore: Das Alter. Ein Traum von Jugend, Frankfurt am Main 2003

Schmidt-Scherzer, Reinhard: Pensionierung und Freizeit. Die Psychologie des 20. Jahrhunderts, Zürich 1981

Seiwert, Lothar J.: Mehr Zeit für das Wesentliche, Landsberg/Lech 1994

Seiwert, Lothar J.: Wenn Du es eilig hast, gehe langsam, Frankfurt am Main 2003

Sonntag, Robert: Blitzschnell entspannt, Stuttgart 1998

Spiller, Hansjürgen: Das Post Professional Life (PPL). Wie ein Ex-Manager ohne berufliche Herausforderungen zurechtkommt, Berlin 2005

Sprenger, Reinhard K.: 30 Minuten für mehr Motivation, Offenbach 1999

Stark, Michael/Sandmeyer, Peter: Wenn die Seele S.O.S. funkt, Hamburg 2001

Steden, Hans Peter: Psychologie. Eine Einführung für soziale Berufe, Freiburg im Breisgau 1999

Tenzer, Eva: Älter werden wir jetzt. Happy Aging statt Forever Young, Frankfurt am Main 2005

Thomas, William H.: What are Old People for?, Acton 2004

Turner, Lorraine: Meditation, Köln 2004

Windolf, Paul: Berufliche Sozialisation. Zur Produktion des beruflichen Habitus, Stuttgart 1981

Artikel

Dobler, Sabine: Freizeit im Übergang in den Ruhestand, in: Übergänge in den Ruhestand. Projektbericht Schweizerischer Nationalfonds zur Förderung der wissenschaftlichen Forschung. Nationales Forschungsprogramm NFP/PNR 32

Dorfman, L.T.: Couples in Retirement. Division of Household Work, in: Szinovacz, M./Vinick, B.H./Ekerdt, D.J.: Families and Retirement, London/New Dehli 1992, 159-173

Goudy, W.J.: Changing Work Expectations: Findings from the Retirement-History-Study, in: The Gerontologist, 21 (1981), 644-649

Kolland, Franz: Nach dem Arbeitsleben Konzentration auf die Familie?, in: Rosenmayr, L./Kolland, F.; Arbeit- Freizeit – Lebenszeit: Neue Übergänge im Lebenszyklus, Opladen 1988

Kuert, Matthias: Wieder arbeiten? Strategien zur Bewältigung der Frühpensionierung, in: soz:mag – Das soziale Magazin #3 – April 2003, S. 6-9

Mayring, Philipp: Veränderungen des subjektiven Wohlbefindens im Übergang in den Ruhestand, in: Übergänge in den Ruhestand. Projektbericht Schweizerischer Nationalfonds zur Förderung der wissenschaftlichen Forschung. Nationales Forschungsprogramm NFP/PNR 32

Nuber, Ursula: Gerechter Ausgleich, in: Psychologie Heute, Heft 8/2005, S.24 f.

Rudinger, G./Minnemann, E.: Die Lebenssituation älterer Frauen und Männer in Ost- und Westdeutschland – Einleitende Bemerkungen zur interdisziplinären Langzeit-Studie des Erwachsenenalters (LSE), in: Zeitschrift für Gerontopsychologie & -psychiatrie, Heft 4 (10), Dezember 1997

Schenk, Herrad: Altwerden. Lebenskunst für Fortgeschrittene; in: Psychologie Heute, Heft 8/2005, S. 20-27

Schneider, Hans-Dieter: Vorbereitung auf die Pensionierung und der Übergang in den Ruhestand, in: Übergänge in den Ruhestand. Projektbericht Schweizerischer Nationalfonds zur Förderung der wissenschaftlichen Forschung. Nationales Forschungsprogramm NFP/PNR 32

Simon, Claus Peter: Was die Welt isst, in: Geo 04/2005, S.21

Stauder, K. H.: Über den Pensionierungsbankrott, in: Psyche 9 (1955), S. 481-497

Vinick, B.H./Ekerdt, D.J.: Couples View Retirement Activities, in: Szinovacz, M./ Vinick, B.H./Ekerdt, D.J.: Families and Retirement, London/New Dehli 1992, S. 129-144

Vinick, B.H./Ekerdt, D.J: The Transition to Retirement: Responses of Husbands and Wifes, in: Hess, B.B./Markson, E.: Growing Old in America, New Brunswick 1991

Zeitschriften

Geo Heft 03/2002: Zivilisationsplage Stress – Die Ursachen, die Folgen, die Auswege

Geo Wissen Nr. 34; Was im Leben wirklich zählt – Partnerschaft und Familie

managerSeminare Heft 51/2001: Die Bausteine des Lebens – Work-Life-Balance

managerSeminare Heft 73/2004: Mehr Mut zum Loslassen – Work-Life-Balance

Psychologie Heute Heft 07/2003: Das Prinzip Achtsamkeit – So haben Sie mehr vom Leben!

Psychologie Heute Compact Heft 08/2003: Was gibt dem Leben Sinn? Glück, Glaube, Gott

Stern Heft 28/2003: Einfacher und ruhiger leben – Der neue Trend: »Entschleunigung«

Stern Spezial »Gesund leben« Heft 4/2004: Der große Ernährungs-Check – Was der Körper wirklich braucht

Internet

www.althilftjung.de (Internetauftritt der Wirtschaftssenioren)
www.bleibjung.de (Informationen über gesundes Altern)
www.dza.de (Deutsches Zentrum für Altersfragen)
www.dzfa.de (Deutsches Zentrum für Alternsforschung)
www.freunde-alter-menschen.de (Verein für Generationenverständigung)

Andere Quellen

Buchebner-Ferstl, Sabine: Pensionierung: Konsequenzen für die Partnerschaft, in: www.familienhandbuch.de/cmain/f_Aktuelles/a_Elternschaft/s_1188.html, Stand: Dez. 2006

Drucksache Deutscher Bundestag 14/8800: Schlussbericht der Enquete-Kommission Demografischer Wandel – Herausforderungen unserer älter werdenden Gesellschaft an den Einzelnen und die Politik

Felger, Ulrike: Ältere Mitarbeiter: Aus Erfahrung gut. http://hr.monster.de/2819_de-DE_p1.asp, Stand: Dez. 2006

Gesterkamp, Thomas: Produktiv bis ins hohe Alter. Sendung in Deutschlandradio, 24.03.2005, 18:00 Uhr. Siehe auch www.diepensionierung.ch/news/Zeitungsartikel/26.2.05_produktiv_bis_ins_hohe_alter.html, Stand: Dez. 2006

Informationszentrum der deutschen Versicherer »ZUKUNFT klipp + klar«, Einrichtung des Gesamtverbandes der deutschen Versicherungswirtschaft GDV e.V., Berlin. www.zukunft-klipp-und-klar.de/vorsorge/177.htm, Stand: Dez. 2006

Jäger, Willigis: Der goldene Wind, die Kunst des Älterwerdens. Vortrag im Januar 2005. Hörbuch-CD: ISBN 3-9810310-0-8, 2. Aufl.. www.wege-der-mystik.de/goldener_wind_1.htm, Stand: Dez. 2006

Lindenhan, Jürgen: Eine überraschende Entdeckung machen: den Lebenssinn nach der Erfüllung von Berufs- und Familienpflichten suchen und finden?! www.htwm.de/wbildung/Vortraege_Kurzfass/1999/lebenssinn.htm, Stand: Dez. 2006

Sigrist, Annamaria: »Hintergrund Politik: Mit 50 zum alten Eisen«. Sendung in Deutschlandradio, 23.02.2005, 18:40 Uhr. Zitiert nach: www.dradio.de/dlf/sendungen/hintergrundpolitik/350766/, Stand: Dez. 2006